Moritz Kolbenheyer

Unter den Linden

Ein Lied vom Christian Gottlob Leberecht Groszmann, in acht Gesängen

Moritz Kolbenheyer

Unter den Linden

Ein Lied vom Christian Gottlob Leberecht Groszmann, in acht Gesängen

ISBN/EAN: 9783743416826

Hergestellt in Europa, USA, Kanada, Australien, Japan

Cover: Foto ©Thomas Meinert / pixelio.de

Manufactured and distributed by brebook publishing software
(www.brebook.com)

Moritz Kolbenheyer

Unter den Linden

Unter den Linden.

Ein Lied

vom

Christian Gottlob Leberecht Großmann

in acht Gesängen.

Von

Moritz Kolbenheyer.

———

Pest.

Verlag von Gustav Heckenast

1872.

Pest 1872 Gedruckt bei Gustav Heckenast

Dem theuren

Gustav-Adolf-Vereine in seinen Häuptern und Gliedern

zugeeignet.

Erster Gesang.

Unter den Linden des Dorfes ertönte die lustige Fiedel.
Kirchweih feierte man. Es ragte der stattliche Maibaum,
Bunt mit Bändern geziert von unten herauf bis nach oben.
Alle Burschen des Thals und alle rosigen Mädchen
Waren zum Tanze gekommen. So liebt es die feurige Jugend.

Muse, die Du das Land und harmlos ländliche Sitte
Vorziehst städtischem Prunk und Treue dem niedern Verrathe,
Komm, beseele mein Lied und laß im Spiegel erschauen
Spätergeborne Geschlechter das Lob der früheren Tage! —

Längst von Acker und Flur war eingeheimset des Sommers
Köstliche Frucht; es starrte die Scheune von goldenem Weizen.
Reicher, denn sonst, erwies sich das Jahr; es freute des Segens
Sich der Bauer, an dem vor Allen der Spruch sich erfüllet,
Daß im Schweiße des Angesichts er essen das Brod soll.
Aber es mischte sich in die Freude die bange Besorgniß
Nahender Kriegsgefahr und oft, wenn Abends der volle,
Fruchtbeladene Wagen herein zum Thore geschwankt kam,
Standen die Nachbarn Martin und Klaus und sprachen bedenklich:
Speise gibt uns der Herr in reicher Fülle, doch werden

Wir im Frieden verzehren das Gut der nährenden Erde?
Brauſt nicht auch in unſre ſo weit abliegende Gegend
Wald der verheerende Sturm, der Deutſchlands Gefilde durchfeget?
Schon verlautet von nah und fern erſchreckende Kunde:
Ulm, heißt es, hat kapitulirt. Das mächtige Bollwerk,
Das die toſende Flut des Frankenheeres zurückhielt,
Fiel dem Feind in die Hand. Wie bei durchbrochenem Damme
Rings die Fläche von wild anbrauſendem Waſſer bedeckt wird,
Dringt mit entfeſſelter Wuth der Wälſche ſengend und plündernd
Immer tiefer in's Land und wenn nicht der Enkel des fünften
Karl's, von dem er den Namen geerbt, den doppelten Adler
Ueber den galliſchen Hahn bald ſteigen läßt in die Höhe,
Wird es uns hier in Deutſchlands Herzen und höher im Norden
Uebel genug ergehn. Allein was helfen die Sorgen?
Für die Sünden der Väter läßt jetzt der Ew'ge die Söhne
Büßen. Es hat uns hier zu Lande das Eine, das noth iſt,
Eintracht, immer gefehlt, den Fürſten ſowohl, als den Völkern.
Deutſche ſollten wir Alle heißen, ein einziger Volksſtamm,
Um Ein Banner geſchaart und eigener Stärke vertrauend;
Aber da heißt es Sachſen und Schwaben und Preußen und Oeſtreich
Und es ſchielt der Eine nach rechts und der Andre nach links hin;
Um die trügliche Gunſt des Auslands buhlen ſie höfiſch,
Statt dem Bruder die Hand zu reichen im Oſten und Weſten. —

Ja, Gevatter, ſo ſprach zu Klaus jetzt Martin, der Schulze,
Da ſelbander vom letzten Hauſe, dem Kruge des Dorfes,
Prießnitz war es genannt, ſie fürder ſchritten zum Tanzplatz,
Wo die luſtige Fiedel erklang im Schatten der Linden. —

Böse Geschicke bedrohen das Reich. Der Same der Zwietracht
Schießt in üppigen Halmen empor. Wer kann sich des Segens,
Welchen der Herbst uns bescheert, so recht vom Herzen erfreuen,·
Denkt er, was du geerntet, vielleicht genießen es Andre?
Gleichwohl haben wir heute, wie sich's gebühret, dem Höchsten
Dank geopfert am Kirchweihfest im heiligen Hause
Und gepriesen die Huld, die uns die Ernte behütet.
Sieh' das muntere Volk der unbefangenen Jugend,
Das im fröhlichen Reigen sich schwingt, als könnte nicht bald uns
Allensammt aufspielen ein Andrer zum blutigen Tanze. —
Gönne man ihr, entgegnete Klaus, das glückliche Vorrecht;
Harmlos will ich den Jüngling und heiter die blühende Jungfrau.
Währt es lange, so sind die goldenen Träume zerronnen,
Die das Herz im rosigen Lenz des Lebens umgaukeln.
Frühe genug erscheinet der Ernst. Im harten Berufe
Mühet der Vater sich ab, das tägliche Brod zu beschaffen.
Mancherlei schlägt ihm fehl. Es bricht verderbliche Seuche
Unter dem Viehstand aus; anhaltender Regen verschlämmt ihm
Grade die trefflichsten Wiesen; es mangelt an duftigem Heue.
Jahr für Jahr vermehrt sich die Zahl der fröhlichen Kleinen;
Hier ein Höschen, ein Röcklein dort. Der Pfarrer und Lehrer,
Jeder verlangt die Gebühr; dazu der fürstlichen Steuer
Unerschwingliche Last. Fürwahr, je länger, je höher
Schwillt der Bedürfnisse Flut. Und erst die Mutter, was hat sie
Großes und Kleines in Haus und Hof, in Keller und Küche
Zu vollziehn! Kaum daß sie die Brust geboten dem Säugling,
Muß sie hinaus an den Herd, den Knechten das Mahl zu bereiten.
Jetzt kommt Hanne, die Magd, und meldet, es habe die Färse

Eben gekalbt und so reicht eine Plage der andern
Wechselnd die Hand vom frühen Morgen bis spät an den Abend.
Lasse man doch die Jugend sich tummeln im Kreise, so lang noch
Leicht, von keinem Kummer beschwert, im Leibe das Herz schlägt.
Seht, Gevatter, ich weiß es gewiß, die wackeren Jungen,
Die das Mädchen im Arm, vor uns jetzt unter den Linden
Sich ergößen am Tanz, sie werden, gilt es, die Büchse
Auch zu führen verstehn im Kampfe wider den Erbfeind.
Traun, bald kommt es dazu, gab ihm der Schulze zur Antwort,
Und es walte der Herr, daß Alles glücklich sich ende!

Während der Zwiesprach hatten den Tanzplatz unter den Linden
Schier die Beiden erreicht. Doch horch, verstummte mit Einem
Nicht der Fiedel vergnüglicher Ton und schlug an das Ohr nicht
Wüstes Gezänke? Man sah die Fäuste der Jünglinge drohend
Sich erheben, die Dirnen entfliehn gleich schüchternen Rehen;
Statt geordneten Reigens, im dichten Knäuel verstrickt
Ballt sich um einen Kopf in der Mitte der wogende Haufe,
Draus ein Scheltwort um's andre ertönt.—Ihr Tröpfe!—Du Schurke!
Anstand will ich Euch lehren! — Wir gerben, warte, das Fell Dir! —
Ruhe! gebietet herangetreten, mit kräftiger Stimme
Jetzt der Schulze. Was ficht Euch an? - Wer störte den Frieden?—
Ist nicht des Lärmes genug in der Welt? Muß auch noch die Kirchweih
Hier im entlegenen Dorf ausarten in gräulichen Unfug?
Nieder die Fäuste und Jeder an seine Stelle! Sonst bringt Euch
Wolf, der Büttel, dahin, wo sich die hitzigen Köpfe
Bald abkühlen am feuchten Gemäuer. — Du, Friedrich, erzähle,
Was sich begab und halte mir ein die Straße der Wahrheit. —

Wie der wallende Gischt des siedenden Kessels im Nu sich
Glättet und legt, hat erst die Magd des kühlenden Wassers
Ein genügendes Maß hineingeschüttet zur Dämpfung,
Leise zischt es im Grund, doch bald ist Alles besänftigt:
So genügte das Wort des achtunggebietenden Schulzen,
Stille zu schaffen, wo jüngst noch polternder Hader gewaltet.
Alle wichen zurück und senkten die Hände gehorchend.
Aber Friedrich trat vor und ließ sich also vernehmen:
Schulze, sprach er, Ihr wißt, es weilt seit mehreren Wochen
Hier ein Fremder im Dorf. Wer weiß, von wannen er herkam?
Jüngst, mich däucht, es war am Tage der beiden Apostel,
Peter und Paul, da gab im nächsten Städtchen es Jahrmarkt:
Schelle, der Krämer, fuhr hin, sich mit dem Bedarf zu versehen.
Als er am Abende spät heimkehrte, wo das Gebüsche
· Links die Mühle verdeckt, vernahm er klägliches Winseln.
Rasch vom Gefährte steigt er herab und eilt an den Ort hin;
Was gewahret er da? Ein Mann, vom Fieber geschüttelt,
Liegt am Boden und schreit: im Namen Jesu, erbarmt Euch!
Wegelagerer fielen mich an und nahmen mir Alles,
Schlugen mir fast die Glieder entzwei. Nichts ist mir geblieben,
Als ein winziges Säcklein nur mit einiger Münze.
Habt Ihr ein Herz im Leibe, so laßt mich hier nicht verderben. —
Schelle, der Menschenfreund, als Solchen kennen ihn Alle,
Lädt auf den Wagen ihn schnell und bringt den Fremdling nach Hause,
Pflegt ihn, wie sich's gebührt, und als nach mehreren Tagen
Sich der Schwache gestärkt, macht beim Gericht er die Meldung.
Als man nach Namen und Stand den Mann in üblicher Weise
Ausgefragt und den Paß, Ihr wißt es, zu sehen begehret,

Hieß es: dieser ist fort, er lag verschlossen im Ränzel,
Das mir Jene geraubt. Doch könnt Ihr glauben, ich heiße
François, bin vom Rhein und reise, Kunden zu sammeln
Für Dürviller und Compagnie, Weinhändler in Coblenz.
Duldet mich hier, bis ich nach Hause gemeldet den Unfall
Und mit Baarschaft mich neu versehn und Certifikaten.
Billig erschien die Bitte des Mannes, Ihr ließt ihn gewähren.
Woche verging um Woche, doch kam vom Rheine noch immer
Weder Geld, noch Papier. Es hieß, unruhige Zeiten
Und gestörter Postenverkehr! Ihr saht durch die Finger,
Nahmt den Fremden, weil er im Schreiben gewandt und im Rechnen,
In die Kanzlei, damit er sein Brod umsonst nicht hier eße.
Ja, wohl ist er gewandt, doch nicht allein mit der Feder!
Andere Künste versteht er noch besser. So hat er den Mädchen
Allen schier die Köpfe verdreht mit eitlem Geschwätze.
Niemals fehlt der glatte Patron, wenn Abends die Dirnen
Mit dem Spinnrocken bald hier, bald dort sich versammeln.
Ehedem war es Gebrauch, daß man ein geistliches Lied sang,
Oder es las, indeß die Mägde spannen, ein Bursche
Ein Kapitel der Schrift. Nun ist es anders geworden.
François hat das Wort und mit geläufiger Zunge
Rühmt er das schöne Paris und seinen gewaltigen Kaiser,
Der vor Kurzem sich selbst auf's Haupt die Krone gesetzt hat,
Und mit seiner Armee, die alle Schlachten gewinne,
Jüngst den Strom überschritt, der Deutschland trennet von Frankreich,
Um die Freiheit, die er dem eigenen Volke gesichert,
Allen zu bringen und sie vom Knechtschaftsjoch zu erlösen.
Aber auch noch viel Andres erzählt der fertige Schwätzer:

Wie dort drüben am Ufer der Seine das Leben viel theurer,
Und vor Allem das Frauengeschlecht vom lästigen Zwange
Altherkömmlicher Zucht sich nicht mehr lasse beherrschen.
Ueber die Treue, die hier der Mann dem Weibe bewahre,
Lache man dort; anmuthiger sei's, die Liebe zu wechseln
Und dem Schmetterling gleich von vielen Blumen zu naschen.
Anfangs schauderten wohl ob der leichtfertigen Rede
Sämmtliche Spinnerinnen; doch als der Gaukler des Weitern
Sagte, daß dort am Hofe, ja selbst im Hause des Bürgers
Dies der herrschende Ton und als den Worten er Nachdruck
Gab, indem er duftige Büchslein und seidene Bänder
Unter die horchenden Mädchen vertheilte, da lächerte Manche
Und Gertrude, die Jüngste von Allen, erhob sich und sagte:
Ei, Du malest gar fein französische Sitte. Der plumpe
Deutsche hätte noch viel von seinem Nachbar zu lernen.
Aber mir schwoll im Herzen der Zorn, ich konnte nicht schweigen.
François, rief ich, genug! Willst Du mit giftigem Hauche
Ganz verpesten die Luft, die hier im Zimmer wir athmen?
Eines sei Dir gesagt: wofern im Kreise der Dirnen
Du noch einmal erscheinst, so kriegst Du Fäuste zu kosten.
Fort, Zieraffe, hinaus! Es gilt kein langes Besinnen!
Trotzig sah er mich an und schien der Drohung zu spotten;
Aber als Robert und Veit und all die übrigen Burschen
Mit einstimmten: hinaus! da war das Herz ihm gefallen;
Weiß, wie Kreide, ward er und suchte hurtig das Weite.
Seht, wir hatten gedacht, es möchte die Lehre genügen,
Um dem Gecken die Lust für alle Zeit zu verleiden,
Unberufenerweis' in unsre Schaar sich zu drängen.

Doch als heute wir uns hier unter den Linden versammelt,
Wie wir es immer gethan am Tage der fröhlichen Kirchweih,
Und der Tanz schon begann, der deutsche, gemüthliche Ländler,
Den die Väter auf uns vererbt, da schreitet mit Einem
François her und ruft, bevor er ganz sich genähert:
Pfui, so tanzen die Bären im Wald! Nichts Plumperes gibt es!
Kommt, ich will Euch Quadrille, das ist viel zierlicher, lehren. —
Halte Du Deine Quadrille für Dich. Uns ehrlichen Deutschen
Ist der Ländler schon recht — gab ich dem Dreisten zur Antwort.
Er drauf: Wahr muß es sein, ein Klotz bleibt immer ein Klotz doch!
Aber es war das Wort ihm kaum vom Munde, so hatten
Zwanzig Burschen ihn in der Mitte, die Fiedel verstummte
Ueber dem Lärm, es fuhren die Fäuste geballt in die Höhe
Und wiewohl es Tadel verdient, wenn Viele mit Einem
Sich einlassen in Streit, bei Gott! wir hätten ihn weidlich
Durchgebläuet, wenn Ihr nicht erschient; er reizte zu arg uns. —

Also redete Friedrich und schwieg. Der würdige Schulze
Oeffnete drauf den Mund und sprach ihm Solches erwiedernd:
Rasch, fürwahr, ist die feurige Jugend in Worten und Thaten;
Wenig bedarf's, so lodert sie auf, wie Stoppel des Feldes,
Die man herbstlich in Brand gesteckt. Ich tadle sie drum nicht.
Ließe der Jüngling hängen den Kopf, wie sollte der Greis ihn
Aufrecht halten, dem siebzig Jahre den Nacken gebeuget?
Wehren will ich auch nicht den Jüngeren über der Alten
Thun ein freieres Wort, nur mangle nicht schuldige Achtung;
Denn das Leben ist doch die beste Schule des Lebens.
Daß Ihr heimische Sitte zu wahren eifrig bedacht seid,

Drum gebühret Euch Lob. Doch haltet mir offen die Blicke
Auch für das, was draußen geschieht. Es fallen die Schranken
Mehr und mehr, die Völker von Völkern früher geschieden,
Und mit Fremden Verkehr zu pflegen, erweitert die Bildung.
Stiehlt ein Auswürfling sich manchmal über die Grenze,
Schickt man, wird er erkannt, ihn heim, von wannen er herkam.
François, Deine Zeit ist abgelaufen. Ich setzte
Dir das heutige Fest, Du weißt's, zum letzten Termine,
Daß Belege Du mir verschafftest über Dein Hiersein,
Weil man in Kamburg schon nach Dir sich ämtlich erkundigt.
Aber Du thust, als hörtest Du nicht. Dagegen vernimmt man
Von geheimer Zusammenkunft, die gestern im Walde
Du mit Leuten, die Niemand kennt, gepflogen; auch hast Du
Große Sendungen Geldes von auswärts kürzlich empfangen.
Solches erregt Verdacht. Drum sei Dir ernstlich bedeutet,
Kannst Du morgen Dich nicht ausweisen vor dem Gerichte,
Schickt man Dich mit gebundenem Laufpaß grade nach Coblenz.
Dies mein letzter Bescheid. — Ihr Andern, weil Ihr in eigner
Sache zu Richtern Euch anwarset, höret das Urtheil:
Aus ist's mit dem Tanze für heute. Kehret nach Hause
Ruhig, wie sich's geziemt! — So sprach der würdige Schulze.
Folgsam traten den Heimweg an die Jünglinge; jeder
Führte sein Mädchen am Arm. Mit Röschen wandelte Friedrich;
François hinterdrein, den Blick zur Erde gekehret,
Scham und Wuth im Gesicht. Doch als am Kruge die Beiden,
Dort, wo der Pfad in's Gebirg ansteigt, vorüber gekommen,
Huscht' an ihnen der Unhold hin und flüsterte Friedrich
Mit verbissenem Grimm in's Ohr: Du sollst es entgelten!

Zweiter Gesang.

Solches ereignete sich am Kirchweihfeste zu Prießnitz.
Lautlos zog vom Tanzplatz unter den Linden die Jugend
Heimwärts. Aber es ist das Leben ein Garten, wo dicht bei
Nesseln duftige Rosen erblühn in üppiger Fülle.
Neben einander wohnen, wie Nachbarn, Kummer und Freude,
Und indeß der Eine betrübt ist, jubelt der Andre.
Während am untern Ende des Dorf's verdrießliche Miene
Ob der gestörten Lust sich kundgab, glänzten am obern
Elternaugen im Strahl des Alles verklärenden Glückes.
Hier lag stattlich am Fuß der mäßigen Höhe das Pfarrhaus;
Weithin grüßte das rothe Dach in grüner Umlaubung
Hochaufragender Linden, aus deren Blüthen im Lenze
Froh das summende Heer der unermüdlichen Bienen
Würzigen Honig sog, nicht Lohn dem eigenen Fleiße,
Aber süßen Tribut dem Herrn der Schöpfung, dem Menschen.
Gleich der Biene, so sammelte drin im Hause der Pfarrherr,
Großmann nannte man ihn, am Baume des göttlichen Wortes
Honigseim der heiligen Lehre von Blüthe zu Blüthe
Und erquickte damit am Tage des Herrn die Gemeinde.
Doch nun kam auch für ihn die Stunde süßer Erquickung.
Draußen auf steinerner Bank des Abends köstlichen Odem

Schlürfend, saß er; ihm lag zu Füßen Bella, die Dogge.
Still und friedlich Alles umher. Da regte das Thier sich
Und fuhr bellend empor; denn plötzlich bog um die Ecke
Eines Jünglings Gestalt und lag dem Vater am Herzen.
Christian!—Väterchen!— Wie? Schon heute? Wir hofften erst morgen.
Mutter! Klara! Geschwind! der Christian! — Jubelnd umschlingen
Ihn sechs Arme zugleich; wer aber zählet die Küsse?
Endlich legt sich der Sturm. — Ja freilich schrieb ich, erst morgen
Sollten wir uns begrüßen, begann der Jüngling, doch ging es
Ueber Erwarten schnell und glücklich mit dem Examen.
Denn nur Wenige stellten sich ein; es haben die Meisten
Statt der Bibel das Schwert ergriffen. Die feindlichen Schwärme
Rücken näher und näher heran und drückte das Alter,
Väterchen, Dich nicht schwer, daß Du der Hilfe bedürftig,
Stünde gewiß auch ich in Reih' und Glied mit den Andern. —
Wacker gesprochen, mein Sohn, fiel rasch in's Wort ihm der Alte,
Wie's dem Jünglinge wohl von Hermanns Stamme geziemet,
Und ich halte Dich auch der That, der wackeren, fähig.
Aber es geht nicht an, daß Alle die Heimat verlassen,
Und das Feld zu bestellen, den Herd und den Altar zu schützen,
Keiner bleibe zurück. Es muß die Arbeit getheilt sein,
Wie im Frieden, so auch im Kriege. Nun sei mir willkommen,
Herzenssohn, der Du dem alternden Vater das Opfer
Deiner Begeisterung bringst, an seiner Seite zu bleiben,
Statt auf blutigem Feld für Deutschlands Ehre zu kämpfen.
Doch es hat, indeß wir schwatzen, der Tag sich geneiget,
Nacht will's werden, es wehen scharfe Lüfte von Osten.
Kommt denn herein, der müde Wandrer bedarf der Erholung.

2

Und sie traten in's Zimmer. Geschäftig trippelte Klärchen
Ein und aus. Bald lud zum Tische die köstliche Mahlzeit.
Mittlerweile zog aus des Ränzels Falten ein Päckchen
Christian, das in kindlicher Ehrfurcht dem Vater er darbot.
Dieser löste das Band und freudig strahlte sein Antlitz,
Als er ein pergamentnes Diplom mit riesigem Siegel
Sah, drauf: Doktor der Weltweisheit, in zierlicher Schrift stand,
Und daneben ein Buch. Der Doktor Christian Großmann
Schrieb's in gutem Latein von Philo dem Alexandriner.
Klärchen, rief er, die Gläser gefüllt! Du hast doch vom besten
Rheinwein aus dem Keller geholt. Es lebe der Doktor!
Hoch der junge Gelehrte, der sich vom Baume des Wissens
Erstlingsfrüchte gepflückt! Es soll das Licht der Erkenntniß
Sich der erwärmenden Glut des Glaubens innig gesellen.
Beides vereint und keines allein! Sie brauchen einander,
Wie der Kiesel den Stahl und wie der Schiffer den Kompaß.
Ohne Glauben verirrt sich der Geist im öden Gebiete
Unfruchtbarer Begriffe. Sie huschen, wie lustige Schemen,
An der Seele vorbei, doch ist kein Körper in ihnen.
Wiederum, wo man das Licht der Forschung unter den Scheffel
Stellt, da beginnt des tagscheuen Wahns unselige Herrschaft.
Wandelt im Lichte! so lehrte der Herr; doch sprach er zu Thomas:
Selig sind, die nicht sehen und dennoch glauben! Er fordert
Beides zugleich, ein Herz, das kindlich glaube und hoffe,
Und den denkenden Kopf. Wer Ohren zu hören hat, höre!
Glaube und Wissen vereint, das ist das Erbe der Vorzeit,
Das in Wittenberg uns die Väter, in Genf und in Zürich
Siegreich erkämpft und das wir halten mögen in Ehren

Gleich dem Mantel, den der Thisbiter zurückließ Elisa.
Hoch, mein Jena, du deutsches Athen am Strande der Saale!
Tief zwar liegst du im Thal und bist die Stadt doch am Berge
Weit gesehen und nicht verborgen. Du hast seit den Tagen
Johann Friedrichs treulich gehegt die Wächter des Glaubens
Und die Träger des Lichts, das ringsum leuchtet im Hause.
Auch bist du nicht allein, es reichen viele der Schwestern,
Von den Dünen der See, bis wo die Berge der Schweizer
Glühen im Abendgold, die Hand dir. Glauben und Wissen
Heißt das gemeinsame Losungswort, das Alle verbindet.
Deutschlands Jugend wird hier genährt mit geistigem Brode;
Aber es macht den Arm auch stark und stählet die Sehnen.
Komme der Wälsche nur, er soll es schließlich erfahren,
Daß die Träumer, so nennt er uns gern, erwacht sind und tüchtig
Sich zu wehren verstehn und den mit blutigem Kopfe
Heimzusenden, der frevelnd sich in ihr Heiligstes eindrängt. —

Väterchen, unterbrach ihn jetzt die besorgliche Mutter,
Mäßige Dich! Du kommst zu sehr in's Feuer und morgen
Plagt Dich wieder das garstige Kopfweh. Ruhe bedürft Ihr
Beide gewiß; Du hast zum Erntefeste gepredigt,
Christian aber ist zehn Stunden gegangen. So sprich denn
Nun das Abendgebet und gehen wir Alle zu Bette. —
Weise gemahnet, du Gute, versetzte der Pfarrer. So sei es!
Und er begann sofort und sprach die Hände gefaltet:
Dank Dir, Ew'ger, Du gibst den Knechten, die Dir vertrauen
Brod für den Leib und nährest mit Deinem heiligen Worte
Ihren unsterblichen Geist. O hilf, daß unter dem Schatten

2*

Deiner Fittige Fürsten und Völker wohnen im Frieden.
Wehre dem Feinde von außen, der unsre Gefilde verwüstet,
Wehre dem inneren Feind, der seelenverderbenden Sünde.
Gib deinen Engeln Befehl über uns in nächtlicher Stunde
Und erfülle das Wort, das du vor Alters geredet:
Siehe, es schlummert und schläft nicht der Hüter Israels. Amen.
Amen! sprachen die Andern und schieden mit Kuß und Umarmung. —

Aber als längst die beiden Alten in friedlicher Kammer
Süßerquickender Ruhe genossen, da saßen vertraulich
Plaudernd Christian noch und Klärchen beisammen. Sie hatten
Lange sich nicht gesehen, so gab es viel zu berichten.
Nach den Gefährten, Johannes und Bernhard, fragte die Schwester.
Die mit dem Bruder die letzten Ostern nach Prießnitz gekommen.
Deren Erstrer so schön vom Gange der Jünger nach Emmaus
Für den Vater gepredigt am zweiten heiligen Tage.
Grüße habe von Beiden ich Dir zu sagen; Johannes
Trug sogar wiederholt mir es auf. Er spricht mit Begeistrung
Noch von unsrer gemeinsamen Fahrt im Thüringerwalde,
Wie wir die Wartburg erstiegen und Luthers Zimmer betraten,
Wo er das große Werk der Bibelverdeutschung begonnen:
Wie wir ferner auf Dein Verlangen die nahe Ruine
Mädelstein erklommen, ja selbst den Mönch und die Nonne.
Schauder erfaßt mich noch jetzt, wenn ich dran denke. Du schrittest
An den Rand der Klippe beherzt, zu sehn in die Tiefe,
Wir inzwischen klopften an Steinen und prüften die Pflanzen.
Plötzlich ein Stoß des Windes, er wühlt in Deinem Gewande,
Bläht wie Segel es auf und treibt Dich näher zum Abgrund.

Hilfe! schrieft Du; fast war es zu spät. Noch eine Sekunde
Und Du lagst zerschmettert am Boden. Aber Johannes
Hatte Dich schon am Arme gefaßt und wurde Dein Retter.
Allen bebten die Glieder; als Du vom Schreck Dich erholet,
Wandest ein Kränzlein Du von Moos und Heide. Das gabst Du
Ihm zur Erinnerung; er hält es höchlich in Ehren.
Aber nun sage mir auch, was ist's mit Friedrich und Röschen?
Hat sich die Mutter erweicht und stehen sie näher am Ziele,
Als er vor Monatsfrist im letzten Briefe mir kundgab?

Schwer schon harret er Dein, erwiederte Klärchen, er fragte
Gestern wieder sich an. Es scheint, daß trübe Gedanken
Ihm das Gemüth durchziehn, gleichwie den Acker die Pflugschar.
Doch er erzählt Dir's selber am besten; Du suchst ihn ja morgen
Sicherlich auf. Jetzt schlafe mir süß und träume was Gutes!
Sprach's und küßte dem Bruder die Stirn und eilte von dannen.
Mitternacht war es schier und in sein trauliches Stübchen,
Wo dem Knaben die goldenen Jahre verstrichen, bevor er
In der trefflichen Fürstenschule zu Pforta mit Hellas
Und mit Latiums Mark die junge Seele genähret,
Stieg er empor und sank auf's Lager und ehe man drei zählt,
Schlief er schon fest und tief; so schläft nur die glückliche Jugend.

Heilige Nacht, du mildes Geschenk aus himmlischer Höhe,
O wie legst du so sanft den dichtgewobenen Schleier
Auf des Sterblichen Auge, daß es der Mühen und Sorgen
Dunkle Gestalten nicht sieht, die dräuend nahen am Tage.
Lieblichen Träumen nur am Lager der Unschuld gestattest

Du den Zutritt und lüpfest die Decke. Doch weiß auch der Frevel
Sich zu bergen in dir, der vor dem Antlitz der Sonne
Bebend entweicht, weil sie, die reine, nichts Heimliches duldet. –

Unter der Hülle der Nacht stieg François, als er die Drohung
Friedrich in's Ohr geraunt, bergan und lenkte die Schritte
Tiefer hinein in den Wald. Zwei Stunden war er gegangen,
Als er ein Licht gewahrte, das aus der Spalte des Felsens
Glitzerte, wie gediegenes Gold in kiesiger Stufe.
Flugs erkennt er die Stelle, die zur Begegnung erwählt war,
Und es währet nicht lange, so hört er auch Stimmen: da kommt er! –

Unglückselige Zeit, die vor der Seele mir aufsteigt!
Fern im Westen des Reichs war schon der Würfel gefallen.
Einzig herrschte des Korsen Gebot. Germanias Fürsten
Schlossen mit ihm den Bund und wurden seine Vasallen.
Er vertheilt die Hermeline, die Zepter und Kronen,
Wie man Nüsse vertheilt. Sein Ohm, der römische Priester,
Hieß Erzkanzler des Reichs, sein Vetter, Joachim Murat,
Herzog von Cleve und Berg. So lag das Land der Ottonen
Einem Verblichenen gleich. Nur Eines fehlte, die Leiche
Sollte noch balsamirt und fürstlich werden bestattet.
Auch dies Eine geschah; der Enkel Rudolfs von Habsburg
Legte nieder den Stab und sprach: kein römisches Reich mehr!
O wie priesen ihr Glück die neuverbündeten Herrscher!
O wie sahen sie gläubig empor zum mächtigen Schutzherrn!
Was sie selber im Westen erreicht, es wurde den Andern
Auch empfohlen im Norden und Osten: das rheinische Bündniß.

Aber es schlugen noch Herzen, die sich nicht ließen bethören
Vom Sirenengesang der neuen fränkischen Lurlei,
Fürstenherzen, die nicht vergaßen, was sie sich selber,
Was sie dem Volke, das ihnen der Herr vertraute, schuldig.
An der Spree, im Schlosse der Hohenzollern, erwachte
In des Königes Brust, des dritten Friederich Wilhelms,
Stolzes Gefühl der verletzten Würde, der niedergetretnen
Größe der Nation. Ein Bündniß wider das Bündniß!
Rief's allmächtig in ihm. Es nährte das heilige Feuer,
Die zur Seite dem Könige stand, die theure Luise,
Aller germanischen Fraun unsterbliches Muster und Vorbild. –

Jetzt begann in verstärktem Maße das Treiben von drüben.
Sendlinge gingen nach rechts und links, in jeglicher Richtung,
Streuten den Köder im Saale des prunkenden Adels, im schlichten
Hause des Bürgers, ja selbst in der Hütte des einfachen Landmanns
Und vereinten von Zeit zu Zeit sich, von dem Erfolge
Kunde zu geben einander und weiteres Thun zu berathen.
Nächtlich geschah's, denn Trug und Arglist meiden des Tages
Offenen Blick. — Zur Stelle gelangt, wo seiner man harrte,
Ward mit lautem Halloh und anderweitigem Zuruf
François von der Schaar der Spießgesellen empfangen.
Sprich, Kamerad, wie steht's? Hast Du die Tölpel in Prießnitz
Tüchtig herumgekriegt und haben die goldenen Füchse
Gute Wirkung gethan? Es steht noch mehr zu Gebote,
Falls du dessen bedarfst. Und dann, was ist's mit dem Weibsvolk?
Schlugen Deine Künste nicht fehl? Wie Keiner, verstehst Du,
Hahn im Korbe zu sein, wenn's gilt, bei Blonden und Braunen.

Sprich! erzähle! — Sofort begann der Gefragte die Schildrung,
Was ihm wenige Stunden zuvor begegnet am Tanzplatz,
Wie der Schulze Verdacht geschöpft und ernstliche Drohung
Ausgesprochen, wofern er am nächsten Morgen nicht auswies
Namen und Zweck der Reise, was ihn nach Prießnitz geführet.
Aber von Friedrich sprach er zumal mit giftigem Grolle,
Daß ihn dieser gehöhnt und er ihm Rache geschworen:
Blutig büßt es der Milchbart, so wahr ich François heiße!
Lachend hörte die Schaar ihn an und als er geschlossen,
Reichte Pierre, so hieß das Haupt der würdigen Rotte,
Ihm die Flasche. Da trink' und spüle hinunter den Unmuth.
Gute Berichte sind eingelaufen und ehestens tanzen
Auch die Bären des Thüringerwaldes nach unserer Pfeife.
Der sie lieblich zu blasen versteht, wie Keiner vor ihm noch,
Rückt im Sturmschritt heran und gleich dem Rhein und dem Maine,
Lauscht bald seiner Musik auch mit der Elbe die Saale.
Alles fällt dem Gewaltigen zu. So magst Du Dich trösten,
Daß von Deiner Quadrille nichts wissen mögen die Bauern.
Kehre zurück, nimm diesen Bündel und streue die Blätter
Unter dem Schutze der Nacht auf alle Straßen und Wege.
Bleiben in Prießnitz kannst Du nicht mehr; drum ehe der Morgen
Anbricht, komm mit dem Geld, das Du noch hast in den Händen,
Zum Gebüsche der Mühle, wo wir zuerst Dich gelassen,
Daß Du das Spiel des unter die Räuber Gefallnen begönnest;
Anlaß findet sich wohl, den Schimpf zu rächen an Friedrich.
Also Pierre. Dem Worte des Hauptes fügte sich Jener
Willig und trat, nachdem er noch einmal tüchtig der Flasche
Zugesprochen, den Rückweg an. Es lagen im Dorfe,

Als er es wieder erreicht, von süßem Schlummer gefesselt,

Menschen und Thiere. Kein Hauch, der fern und nahe sich regte.

Einer allein schlich sachte daher von Schwelle zu Schwelle,

In des Sendlings Gestalt, der ruhlos ruchlose Frevel.

Dritter Gesang.

Kaum noch hatte der dämmernde Tag das goldene Frühroth
An die Scheiben der Stube gelegt, wo Christian ruhte,
Als er auch schon vom Lager erstand, er dachte des Freundes,
Der ihn sehnlich erwarte, wie Klärchen gestern erzählet.

Friedrich, sprach er, ist Einer von denen, welche die Sonne
Selbst beschämen im Frühaufstehn, da heißt es sich sputen,
Will man ihn treffen zu Hause, bevor sein Tagwerk begonnen.

Doch er lerne von mir, das akademische Leben
Bringe nicht eben mit sich, daß man den Morgen verschlafe;
Nein, die Musen sind wach schon in der frühesten Stunde.

Ehe vom Schlummer sich noch die guten Eltern erheben,
Eile zum Freund ich hin, mit ihm ein Stündchen zu plaudern.

Hurtig legte die Kleider er an und schlich sich hinunter,
Flog, wie die Jugend es liebt, entlang die Zeile des Dorfes
Und schon war er am Ziel, dem dürftigen Hüttlein der Witwe.

Offen fand er das Fenster, das wohlbekannte, wo Friedrichs
Bett in früherer Zeit gestanden, noch stand es auch jetzt da,
Und er guckte hinein und dachte den Schläfer zu wecken,
Aber das Nest war leer und schon entflohen das Vöglein.

Dachte mir's, sprach der Jüngling bei sich, dem kann man zu früh nicht

Kommen; noch kräht nicht der Hahn und schon ist er aus den Federn.
Ob er im Gärtchen nicht steckt? — Er lenkt die Schritte nach hinten
Und es fällt ihm ein Blatt Papier am Boden in's Auge,
Rasch erhebt er es, aber zu lesen hat er die Zeit nicht,
Denn schon winkt ihm am Zaun die Gestalt des Freundes entgegen.
Christian! — Friedrich! —Es liegen die Beiden im Nu sich am Herzen. —

Jugendfreundschaft! Von allen Träumen, welche der Mensch träumt,
Einer der köstlichsten, ja mich dünkt, der köstlichste selber,
Heute feire dein Fest! Zwei Jünglinge stehen als Priester
Brust an Brust und Aug' in Aug' an deinem Altare.
Reiner ist kein Gefühl, als das von dir in der Seele
Leben empfängt und das du nährst mit Wünschen und Trieben,
Dran das wallende Blut und der begehrliche Vortheil
Keine Betheiligung hat, wie sonst im Leben an Allem.
Seliger Rausch und Tausch bei Braut und Bräutigam; aber
Sprechen die Sinne nicht mit und ist ihr Wort nicht das lautste?
Selbst wenn Mutter Natur mit starkem und heiligem Bande
Eltern an Kinder und diese kettet an jene, doch bleibt es
Immer ein Band, das nicht der Geist ausschließlich gewoben.
Anders der Zug, der Freund und Freund im Lenze des Daseins
Innig verknüpft; es mischt sich der gegenseitigen Regung
Nichts vom Irdischen bei: nur Fäden, hell wie der Sonne
Himmelgeborene Strahlen und lebenerweckend, wie diese,
Flechten ein goldenes Seil um gleichgestimmte Gemüther.

Endlich bist Du gekommen, begann nun Friedrich, ich zählte
Stunden und Tage im bangen Harren auf Deine Erscheinung.

Vieles hat sich begeben und auch des Bedenklichen Manches,
Seit wir zuletzt uns sahn. Doch darf ich heute, wie früher,
Offen reden mit Dir und traulich, der einfache Bauer
Mit dem hohen Gelehrten, dem baldigen Lehrer der Kirche?
Lächelnd wiegte das Haupt und drohte sanft mit dem Finger
Christian: Dies der Empfang vom trauten Jugendgefährten?
Hast Du vergessen, was wir uns gelobten am Abend, bevor ich
Nach Schulpforta wurde gesandt? Wir wandelten traurig
Längs des Erlengehölzes am munter geschwätzigen Bächlein.
Jeglicher Tag des bisherigen Lebens war uns gemeinsam
Unter Lernen und Spiel vergangen; der folgende sollte
Leider der erste sein, ach, unter vielen der erste,
Ueber welche der Spruch des Scheidens und Meidens gefällt war.
Unfaßbar erschien es uns Beiden und nicht zu ertragen,
Daß der Morgen nicht mehr uns auf der Stube des Vaters,
Nicht der Abend auf heiterm Gang durch Wälder und Auen
Finden sollte vereint. Es flossen reichliche Thränen
Dir und mir von den Wangen herab. Wir legten die Hände
In einander und blickten empor und riefen den Mond an:
Leuchtendes Auge der Nacht, o siehe herab auf das Bündniß,
Das wir schließen vor dir und treu zu halten geloben,
Welche Geschicke das wechselnde Leben auch über uns bringe,
Ob die Wogen der Zeit uns senken oder erheben,
Ungeschieden bei jeglicher Wandlung bleiben die Herzen.
Wie du selber, den Mancher schon geziehen der Falschheit,
Nimmer dich der Freundin entziehst, der größeren Erde,
Bald mit vollerem Licht und bald mit minderem Glanze
Sie begleitend auf rollender Bahn, doch nimmer verlöschend:

Also halten auch wir der Eine fest zu dem Andern,
Wie auch falle das Loos, das uns der Ewige zumißt.

Ja, so sprachst Du, fiel jetzt in's Wort ihm Friedrich, schon damals
Floß die Rede, wie Honigseim, Dir über die Lippen.
Welcher Schätze hast Du seither am Sitze der Weisheit
Ein Jahrzehend hindurch mit offener Seele gesammelt;
Neben Dir verschwindet in Nichts mein ärmliches Wesen.
Einst vermaß ich mich wohl, als uns Dein gütiger Vater
Gleich befähigt genannt und Dir zum nützlichen Wettstreit,
Theil mich nehmen am Unterricht ließ, den täglich am Morgen
Er in Sprachen Dir gab und anderen Zweigen des Wissens,
Gleichen Schritt zu halten mit Dir in jeglichem Stücke.
Aber ach jetzt! — Wie wäre so gern mit Dir ich gezogen,
Auch zu stillen den Durst an nie versiegenden Quellen;
Doch dem Sohne der arm zurückgebliebenen Witwe,
Die des Versorgers frühe beraubt, bei siecher Gesundheit
Niemand hatte, denn mich, das dürftige Leben zu fristen,
War Entsagung bestimmt. Du gingest. Mit blutendem Herzen
Blieb ich zurück; es sollte die Bauernwaise den Cäsar
Und den Homer fortan mit Pflug und Spaten vertauschen.
Schwer ergab ich mich drein; erst als Dein würdiger Vater
Meinen Kummer gewahrend zu sich mich freundlich entboten,
Ward mir leichter um's Herz. O nimmer kann ich die Worte,
Die er so mild und ernst zu mir geredet, vergessen.
Gottes Garten, sprach er, ist groß; verschiedne Gewächse
Finden da neben einander Raum. Mit perlendem Thaue
Nähret und labet er alle, die großen so gut, wie die kleinen;

Alle belebt auf sein Geheiß die wärmende Sonne.

Wer entscheidet den höheren Werth und die mindere Geltung

Stolzer Cedern am Fels und bescheidener Veilchen im Thale?

Jegliches, dünkt mich, ist gut und von besonderer Würde,

Welche der Schöpfer ihm lieh und Jedes dienet dem Zwecke

Seiner Verherrlichung, indem es nützet dem Ganzen.

So zeigt auch das Leben der Menschen der Gaben und Aemter

Bunteste Fülle: vom Könige, der mit goldenem Szepter

Ueber Völker und Reiche herrscht, bis nieder zum Hirten,

Der mit weidenem Stab die Herde leitet zum Wasser,

Von dem Lehrer des Worts, der himmlische Saaten in's Herz streut,

Bis zum Lenker des Pflugs, der Brod dem Acker entlocket,

Alles erscheint von Gott geordnet und wichtig und werthvoll.

Braucht es Muth und Geschick, auf blutiger Walstatt des Feindes

Ueberlegenes Heer zu schlagen und preist man den Feldherrn,

Der die Schaaren zum Siege geführt; entzückt uns des Künstlers

Warme Begeisterung, die Schöpferin hoher Gebilde;

Ist der Gelehrte zu schätzen, der mit dem Pfunde des Wissens

Wuchert sich selbst zur Freude, den Andern aber zum Nutzen:

Traun, nicht minderes Lob muß ich dem Jünglinge zollen,

Der im Herzen den Wunsch, im Geist zu glänzenden Thaten

Birgt die Befähigung und doch sich weiß zu bescheiden,

Um die Stütze zu sein der kranken, alternden Mutter,

Stolzen Träumen von hoher Laufbahn willig entsagend,

Daß verborgen die Pflicht des Kindes treulich er übe.

Jenem, welcher der Sterblichen Thun, die Opfer der Liebe

Mit den Werken der Kraft abwägt auf goldener Wage,

Gilt Dein stiller Gehorsam so viel, wie Christians Eifer.

Sich zum Diener des Worts zu bilden in strebsamer Jugend. —
Als Dein Vater zu mir in solcher Weise geredet,
Schmolz im Busen das Eis; mir war, als zöge mit Einem
Goldener Sonnenschein, um nimmer draus zu entweichen,
In die verdunkelte Welt. Mit hellen leuchtenden Zügen
Stand mir, was ich zu leisten berufen wäre, vor Augen.
Jeglicher Zweifel schwieg und mit gehobenem Muthe
Ging ich an's Werk, des Vaters mäßigen Nachlaß zu pflegen.
Unter den Burschen des Dorfes war ich am Morgen der Erste
Auf dem Felde; des Abends kehrte zuletzt ich nach Hause
Und es segnete Gott den Fleiß der rührigen Hände.
Sichtbar gedieh das bescheidene Gut, erfreulichen Viehstand
Barg mir der Stall und Frucht für Menschen und Thiere die Scheune.
Ach, da kam der entsetzliche Brand! In kurzer Verheerung
War mein ganzer Besitz zum Aschenhaufen geworden.
Wenig gelang mir zu retten; es galt vor Allem die Mutter,
Die vom Schrecken gelähmt, kein Glied zu rühren vermochte,
Außer Gefahr zu bringen. Ich trug die Zitternde, selber
Bebend, in's Hirtenhäuslein am Feld. Doch während des Ganges
Hatte die Flamme mein Dach erreicht und Alles vernichtet.
Keuchend flog ich zurück zur Unglücksstätte, da fand ich
Von verborgener Hand des Stalles Thüre geöffnet
Und die Pferde zusammt den Kühen in's Freie getrieben:
So blieb mir dies Einzige doch von Allem erhalten.
Als das Wasser zuletzt des Feuers Meister geworden,
Freilich zu spät und erst, nachdem der weitern Verbreitung
Einhalt zu thun, das glühende Sparrwerk sämmtlich gelöscht war,
Lief ich zu der Verlassenen hin. Da saß ihr zu Häupten,

Einem Engelgebild aus himmlischer Höhe vergleichbar,
Röschen. Sie bot der Kranken ein Schälchen stärkender Suppe
Und sprach Worte, die mehr noch, als das Labsal, erquickten.
Was ich empfand, als ich bei solchem Werke der Liebe
Sie gewahrte, das schildert keine Sprache der Menschen.
Lautlos stand ich. Mir war's, als riefe der selige Vater
Aus dem Jenseits: sie sei Dir bestimmt zum Lohne der Treue,
Die Du der Mutter bezeugst! Es bedurfte längerer Sammlung,
Bis ich ein Herz mir faßte, die Holde schüchtern zu fragen:
Röschen, wie kommst Du hieher? Ist Dir zu Hause die eigne
Habe gewahrt, daß Du des fremden Jammers Dich annimmst?
Wie vergelten wir Dir, daß mitten in der Verwirrung
Du der hilflosen Kranken gedacht und weißt Du vielleicht auch),
Wer mir menschlich das Vieh gerettet aus brennendem Stalle?
Sanft erröthete sie und gab mir Solches zur Antwort:
Wacker löschten die Knechte, daß uns die Mühle verschont blieb,
Trotz der Gefahr ringsum. Es drehte der Wind sich nach unten
Eurer Behausung zu; da fuhr mir jäh der Gedanke
Durch den Sinn: Barmherziger Gott, sie hütet das Bette!
Und es litt mich nicht mehr, ich mußte kommen und sehen,
Ob sie geborgen sei. Die Nachbarn wiesen auf's Feld hin,
Nach dem Häuslein des Hüters. Ich ging am Steige zur Linken,
Aber Du liefest rechts querfeldein wieder zum Brande,
Sahst in der Hast mich nicht und hörtest nicht, als ich Dich anrief.
Plötzlich stockte sie. Röschen, was hast Du? frug ich erschrocken,
Du verfärbst dich, es rinnt der Schweiß Dir kalt von der Stirne.
Und sie drohte zusammenzubrechen. O Himmel, was sah ich!
Arg war sie vom Feuer am rechten Arme beschädigt.

Wasser trug ich zur Lindrung herbei und zögernd gestand sie,
Daß ein glimmender Balken im Niederfallen sie streifte,
Als sie den Stall geöffnet, das brüllende Vieh zu befreien. —
Christian! mein Geschick hat jene Stunde besiegelt.
Ihrer würdig zu sein, die Theure mir zu erringen,
War seither mir Gehalt und einzige Würze des Lebens.
Mit verdoppelter Kraft ging ich, den Schaden zu heilen,
Wieder an's Werk, ich gönnte mir Tag und Nacht keine Ruhe;
Hundert Thaler lieh mir der gütige Pathe; der Lehrer,
Und das Hüttchen erstand auf's Neue, ja schöner, als früher.
War mit Schweiß ein Feld je gedüngt, so war es das meine,
Doch es erwies sich auch dankbar und schon im folgenden Jahre
Trug ich die Schuld dem Gläubiger ab, die Zinsen erließ er.
Nun beschloß ich um Röschen zu frei'n, sie schien mir nicht abhold
Und ich fühlte mich einsam, es ward die Mutter seit jenem
Schreckenstage mir immer schwächer und endlich erlag sie.
Freilich, wenn ich mein Gut mit dem der einzigen Erbin
Des verstorbenen Müllers verglich, so stand ich beschämt da;
Denn wie das Bächlein zum Strom, so verhielt sich meines zu ihrem
Und ich mußte mir sagen: es wird so leicht nicht gelingen,
Denn die Mutter ist stolz und hegt hochfahrende Wünsche.
Sie, die selber vom Städtchen auf's Land einst folgte dem Gatten,
Will die Tochter dafür zur Stadtbewohnerin machen,
Und ersah sich den Sohn des Engelwirthes zum Eidam.
Dann verkauft sie die Mühle, sammt allen Wiesen und Aeckern
Und zieht selber hinein. Sie möchte gern im Theater
Sitzen und sich in seidenen Kleidern zeigen am Markte.
Jüngst war auch der Erkorene da, ein windiges Bürschlein,

3

Sprach von weiten Reisen gar viel, von Pferden und Hunden
Und vermeinte das Mädchen im Handumdrehn zu gewinnen.
Aber er hat sich getäuscht und fuhr mit langem Gesichte
Bald nach seinem Engel zurück, weil ihm sich der andre,
Spröde gezeigt, wie witzig er selbst bemerkte beim Abschied.
Nun ist zwischen Mutter und Kind getrübt das Vernehmen;
Unzart ließ sich Jene verlauten: also der Bettler
Wuchs Dir an's Herz? Man sieht, es ist vom höheren Sinne,
Der mich immer beseelt, auf Dich nichts übergegangen.
Ja, wenn Dein Herzliebster sich noch in anderer Weise
Thäte hervor, wie man es sonst bei Jünglingen antrifft;
Aber hinter dem Pfluge zu gehn an Tagen der Woche
Und des Sonntags im Chore zu singen, das kann er und sonst nichts;
Nein, für den ist zu gut der reichen Müllerin Tochter.
Röschen dagegen erwiederte sanft, doch fest und entschlossen:
Kann ich Friedrich nicht haben, so will ich Keinen und bleibe
Mädchen, bis man früh oder spät mich bettet im Sarge.
Siehe, Geliebter, so steht's. Die Theure hat mir es gestern
Mit bekümmertem Herzen erzählt, als unter den Linden
Wir zum Tanze zusammenkamen am Feste der Kirchweih.
Doch mir liegt noch ein anderer Stein gleich schwer auf der Seele.
Höre! — Und nun erstattet er dem aufhorchenden Freunde
Von des Fremdlings Treiben Bericht, dann zieht er zum Schlusse
Ein Papier aus der Tasche. Das fand ich heute beim Aufstehn,
Als ich das Fenster geöffnet, es war an die Scheibe geklebet.
Lies! und Christian las: Vergeltung unter den Linden!
Dieser schüttelt den Kopf und spricht: beinahe vergaß ich,
Daß ein ähnliches Blatt auch ich vom Boden erhoben,

Eh' ich am Zaun Dich erblickt. Laß sehn was mag es enthalten?
Und er holt es hervor und staunend lesen die Beiden:
Auf, ihr Deutschen, erwacht! Es naht der große Befreier,
Der die Ketten zerbricht, womit Thrannen der Heimat
Euch gefesselt. In einer Hand den Lorbeer des Sieges,
In der andern die Friedenspalme, so naht er, um Allen
Ehre zu bringen und Heil. Begrüßt den Retter, ihr Deutschen! —

Schnöder Verrath! so schrieen in einem Athem die Beiden.
Das ist François' Werk, den man seit Wochen im Dorfe
Duldet, des wälschen Spions, rief Friedrich voller Entrüstung
Komm zum Schulzen sofort, damit es Alle erfahren,
Welch' ein nächtliches Stück der Bube vollendet und man ihn
Flugs ergreife, wenn anders den Staub nicht schon von den Füßen
Der gottlose Geselle geschüttelt, wie zu vermuthen.
Und sie gingen und Friedrich ließ sich weiter vernehmen:
Was mir längst in der Seele gekeimt, nun kommt es zur Reife.
Röschens Mutter hat mich gescholten, ich könnte nichts Bessers,
Als nur pflügen und singen. Wohlan, es gilt zu beweisen,
Daß sie sich irrt und daß ich auch zu Höherem tüchtig.
Doch wie schmerzlich ich schon die bittere Kränkung empfinde,
Nicht um dieser willen allein bin fest ich entschlossen,
Haus und Hof zu verlassen, es drängt die Noth mich des Landes.
Wessen Arm nicht gelähmt und wen nicht heilige Pflichten
Halten am Herd zurück, der muß hinaus auf das Schlachtfeld.
Gestern las ich den Aufruf und wie freiwillige Schaaren
Strömen von allen Seiten herbei; so will ich der Letzte
Nicht der Wackeren sein, die Gut und Blut für die Freiheit

3ᵃ

Deutschland's setzen daran. Es ist entschieden, ich gehe.
Deiner Ankunft harrte ich nur, damit ich Dich bäte,
Röschens Tröster zu sein und ihr des Scheidenden Grüße
Zu bestellen; denn ohne Abschied, der uns das Herz nur
Bräche, ziehe morgen ich fort bei dämmerndem Frühroth. —

Als er geendet, erwiederte drauf ihm Christian ernsthaft:
Hast Du reiflich erwogen den Schritt, so thue, wozu Dich
Treibt das innre Gebot; denn Gottes Stimme verkündet
Sich in des Menschen Brust, der niedere Triebe verabscheut.
Freundschaft und Liebe sind himmlische Blüthen, womit uns der Schöpfer
Schmückt den irdischen Pfad, und dennoch dürfen an ihrem
Dufte wir uns nicht laben, wenn höhere Güter bedroht sind
Und des Ganzen Erhaltung das Opfer des Einzelnen fordert.
Ziehe mit Gott; ich spreche kein Wort, Dein Feuer zu dämpfen.
Glühten doch Millionen Herzen in gleicher Begeistrung,
Wahrlich, ehe der Neumond sich zum Vollmond gerundet,
Stünde kein fränkischer Söldner auf Hermanns heiliger Erde. —
Also sprechend kamen die Zwei zum Hause des Schulzen.
Hier war regeres Treiben, denn sonst. Sie hörten schon draußen
Daß der Vogel entwischt, den man zu fangen gedachte.
Eingetreten erblickten sie Viele mit ähnlichem Funde
Des zu Landesverrath und Abfall reizenden Blattes.
Friedrich aber nahte dem Schulzen und sprach: ein Besondres
Ward mir nächtlicherweise bescheert. Da sehet und leset,
Schwarz auf weiß steht hier: Vergeltung unter den Linden!

Vierter Gesang.

Doch nun gilt es kühneren Flug! — Im Parke des Schlosses
Wandeln kummergebeugt zwei hohe Frauengestalten.
Tiefes Schweigen verschließt der Herrin Lippe. Nur Seufzer
Ringen sich aus der Brust empor, die Kinder des Schmerzes,
Der die Seele zerfleischt. Es wagt die Begleiterin vollends
Nicht mit leisestem Hauch den Bann der Zunge zu lösen.
Lautlos Alles umher und nichts vernehmen die Beiden,
Als der eigenen Tritte Geräusch, die weiter und weiter
Dringen, daß wer sie sähe, fast meinen sollte, man dächte
Mit des Leibes Ermüdung des Geistes Leid zu betäuben.
An der Grenze stehen sie jetzt, wo sich mit des Gärtners
Aengstlicher Kunst die Natur vermählt in freien Gebilden,
Die sie zwanglos erschafft und denen nichts zu vergleichen,
Nicht die geschorene Taxushecke, nicht springende Brunnen,
Auch die Grotte von Marmor nicht. O schauet des Waldes
Majestätische Pracht und wie vom Felsen der Sturzbach
Niederbraust in das Thal, die Höhlen, wo sich die Tropfen
Zu phantastischen Formen verdichten, als Säulen und Tempel:
Stümperin nennt ihr dann die Kunst, die kleinlich es nachäfft,
Und erkennt der Natur, der Meisterin, willig den Preis zu. —

Laß uns rasten, Charlotte, die Kniee versagen den Dienst mir,
Sprach, das Schweigen brechend, die Fürstin und wählte den Rasen
Sich zum Sitze. — Was ist der Mensch ein kläglicher Thor doch,
Meint dem Gram zu entfliehn, wenn er die Schritte verdoppelt,
Gleich dem gehetzten Wild, das flinken Beinen vertrauend
Sich in Sicherheit wähnt, indeß die pfeifende Kugel
Aus dem Rohre des Jägers um Vieles schneller heran saust
Und die Beute zu Boden wirft. O Tag des Entsetzens!
Tausend Jahre, wenn jegliche Stunde des mächtigen Zeitraums
Böte vollkommenes Glück, sie mögen nicht auf das Verderben,
Das uns heute ereilt. Das heilige Erbe der Väter,
Deutschlands Ehre, sie liegt darnieder, zerpflückt und zertreten,
Gleich dem Kranze der Braut, den strafende Hände vom Haupte
Ihr gezerret und höhnend auf die Straße geschleudert,
Weil sie die Zucht nicht bewahrt. Das Buhlen über den Rhein hin
Mit dem Volke der Gaukler, das sich die Welt zu beglücken
Uebermüthig vermißt, die Zwietracht heimischer Fürsten,
Die den Mantel des großen Karls in Stücke zerrissen,
Deren keines genügt, des Einzelnen Blöße zu decken,
Hat nunmehr den verdienten Lohn. Der Arm der Vergeltung
Trifft mit schuldigen, ach, zugleich unschuldige Häupter,
Nach des Herrn verborgenem Rath, vor dem wir uns beugen,
Ob darüber das Herz uns auch in Wehmuth vergehe.
Schwül und erstickend lag die Luft auf Deutschlands Gefilden
Und man brauchte nicht Seher zu sein, den Sturm zu verkünden,
Der sich demnächst entladen sollte. Nun liegen die Saaten
Rings von Schlossen zermalmt, die tausendjährigen Eichen
Spaltete Gottes Blitz und warf die Stämme zu Boden.

Floß bei Saalfeld zu wenig des Bluts? Dein Opfer, o Ludwig,
Das mir die theure Schwester zur Witwe machte, genügt es
Nicht, zu wenden den Zorn des Geschicks und die Frevel zu sühnen.
Die vergangene Zeiten gehäuft, und müßte vernichtend
Kommen der heutige Tag, an Blut viel tausendmal reicher?
Jena, du schlägst in Trümmer, was einst der Kurfürst, der große
Und sein größerer Enkel gebaut. Schon jubelt der Erzfeind:
Preußen hat aufgehört und ist gelöscht von der Tafel,
Drauf die Reiche des Welttheils stehn. O Schmach und kein Ende!
Weil mein hoher Gemal, des Thrones Würde zu wahren,
Es verschmähte, was Andre gethan, beim stolzen Eroberer
Händeringend um Gnade zu flehn, reißt dieser die Krone
Ihm von geheiligter Stirn. O Gott, Du siehst es und schweigest!
Eingestoßen ist nun die Thür; den gierigen Räuber
Hält nichts auf, zu dringen in's Haus und unserer Habe
Sich in wilder Lust zu bemächtigen und mit der Beute
Zu bereichern der Schergen Troß. Allmächtiger Himmel!
Was erwartet uns noch? Zu fliehn gebietet der König,
Weil ihm Kunde geworden, es sei von fränkischer Seite
Abgesehen auf mich, als die das Feuer geschüret.
Bleiben soll dem Lande die Mutter erhalten, damit wenn
Schlimmeres noch über uns aus göttlicher Schickung herein bricht,
Ich mit Wort und mit That die Seelen stärke des Volkes.
Sprich, Charlotte, Du siehst mich rathlos. Ist dem Befehle
Ungesäumt zu gehorchen und soll ich Gatten und Kinder
In der Gefahr verlassen und mich zu retten bedacht sein? —

Herrin, erwiederte drauf in sanftem Ton die Gefährtin,
Wenn der König gebeut, so geziemt uns Folge zu leisten.
Was die Stimme der Pflicht von Euch, der Gattin und Mutter,
Forderte, habt Ihr gethan, als noch die Wage des Glückes
Ungleich schwankte. Nicht achtet Ihr der rauheren Jahrszeit,
Auch der Schwäche des Weibes nicht und des Krieges Beschwerden,
Euren Geliebten nahe zu sein. Des günstigen Ausgangs
Hielten wir uns gewiß, nun ist es anders gekommen.
Doch sind auch die Sterne Preußens verdunkelt, erloschen
Sind sie noch nicht und wie der finstern Nacht von Kolin einst
Folgten die Tage von Roßbach und Leuthen, so wendet auch diesmal
Alles zum Besseren sich; es gilt, auf Gott zu vertrauen,
Der uns nimmer verläßt, wenn wir uns selbst nicht verlassen.
Weil Ihr den Mund mir erschließt und mir zu reden gebietet,
Spreche beherzt ich das Wort: es richten die Blicke des Landes
Königin, sich auf Euch, als dessen schützenden Engel.
Euch zu bewahren, damit Ihr das Ganze bewahret, ist Alles.
Fort behende von hier und keine Minute gezögert,
Denn das Verderben ist nah. Hört! hört! — Da krachen die Zweige
Plötzlich, wie vom Orkane geknickt. Mit mächtigem Schnauben
Stürzt ein Hirsch, ein sechzehnendiger, aus dem Gebüsche
Mit gesenktem Geweih gerade los auf die Frauen.
Noch ein Schritt, so sind sie des Todes. — Ein Schuß und im Blute
Wälzt sich das Thier zu Füßen der vom Entsetzen Gelähmten. —
Gott im Himmel sei Dank! Ihr lebt, so redet ein Jüngling
Eiligen Laufes vom Walde genaht das bebende Paar an.
Dank Ihm, der die Kugel gelenkt, dem Unglück zu wehren!
Für verloren hielt ich Euch schon. — Im Schützengewande,

Freudestrahlenden Blicks, das rettende Rohr in den Händen,
Steht vor ihnen er da. — Wer bist Du? fragen die Frauen.
Einer der vielen Söhne Teutonias, lautet die Antwort;
Eines der Kinder, die tief die Schmach der Mutter empfinden,
Einer der Rächer, die sie mit Blut zu tilgen bereit sind.
Haus und Hof ließ in göttlicher Hut ich und eile zum Heere.
Drüben am Saum des Gehölzes einhergeschritten, vernahm ich
Wüstes Getös. Ein Blick, und schaudernd sah die Gefahr ich,
Drin Ihr geschwebt. Es ist mir ein Zeichen guter Bedeutung,
Daß mich ein gütiger Gott sie abzulenken gewürdigt;
Ach, gelänge nur auch, das Land der Noth zu entreißen! —

Wer Du auch seist, beginnt die Höhre der Frauen, ich frage
Nicht nach Namen und Stand. Fürwahr, ein gnädiges Walten
Leitete Deinen Schritt, daß jetzt gerade Du herkamst.
Einst, wenn sich die Wolken verziehn, die heutigen Tages
Deutschlands Himmel verdunkeln, erscheint die Stunde, die Beiden,
Dir und mir, das Räthsel enthüllt der ernsten Begegnung.
Nimm den Schlüssel dazu! — Sie spricht's und löset vom Busen
Rasch ein Bildniß in Perlen gefaßt und blitzenden Demant.
Sei's Dir ein Schild im Kampfesgewühl und führe zum Sieg Dich! —
Auf die Kniee gesunken empfängt der Jüngling die Gabe,
Segnend legt sie dazu die Hand auf's Haupt ihm. Zum Walde
Kehrt der Geweihte zurück und ist den Blicken entschwunden. —

Aufgeschreckt durch den Schuß erscheinen der Höflinge Schaaren
Und vernehmen mit Schaudern die Kunde, was eben sich zutrug.
Aber noch Schlimmeres theilen sie mit. In naher Entfernung

Stehe der Feind; ein blut'ges Gefecht ging eben zu Ende.
Unheilvoll war leider der Ausgang. Im fürstlichen Wildpark
Wogte der heißeste Kampf. Es fielen von den Geschossen
Menschen und Thiere zugleich, nur Wenige mochten entrinnen.
Augenblickliche Flucht gebiete der König. Die Wagen
Seien bereit und mindeste Zögrung bringe Verderben
Rasch zum Schlosse bewegt sich der Zug. Nach kurzer Umarmung,
Thränen ersticken die Worte des Abschieds, reißt sich Luise
Halb ohnmächtig vom Gatten los. Fort geht nach Berlin es. —

Hört, was wenige Tage zuvor geschehn im Gebirge!
Ach, ein wildes Geschäft ist der Krieg; die göttlichen Keime,
Welche des Schöpfers Hand in menschliche Herzen gepflanzt hat,
Reißt er wüthend heraus und tritt sie frevelnd mit Füßen.
Hat er erst Blut gekostet, so lechzt er, gleich der Hyäne,
Immer wieder nach Blut und schaffet Teufel aus Engeln.
Abgeschnitten vom übrigen Heer stahl mühsam ein Häuflein
Fränkischer Marodeurs, des Wegs unkundig, durch Schluchten
Sich und Berge, vom Hunger gequält und müde zum Sterben.
Nieder ging es in's Thal, wo sie zu rasten gedachten.
Doch kaum hatten sie sich im Gras gelagert, da fielen
Von zwei Seiten mit wüstem Geschrei: Spione! Spione!
Landsturmmänner über sie her, an hundert und drüber.
Mancherlei Schlimmes legt man zur Last dem westlichen Nachbar,
Nennt ihn eitel und prahlerisch, auch im Punkte des fremden
Eigenthums nicht grade von sonderlich zartem Gewissen;
Eins doch muß man gestehn, daß er's nicht kenne: die Feigheit.
Tapfer schlug der Franzose sich stets seit Clodewigs Tagen;

Wo sein Banner geweht, auf festem Land und zu Wasser,
Ging ihm der Muth voran, der selbst die Mehrzahl nicht fürchtet.
Also auch hier. Was konnte die Handvoll wider die Menge?
Einer auf Zehn? Gleichwohl erscholl das Wörtlein: Pardon! nicht.
Ja, der Dreisteste zog ein Pistol und feuerte blindlings
In den Landsturm hinein, daß Einer jählings dahin sank.
Aber nun ging das Gemetzel auch los. Mit Sensen und Gabeln
Drang die erbitterte Schaar der Bauern ein auf die Gegner
Und wie der Mahder die Garben fällt am Tage der Ernte,
Lagen in kürzester Zeit die Franken erschlagen am Boden.
Nur ein Einziger wußte sich schlau in arger Verwirrung
Aus dem Staube zu machen, daß Keiner es merkte und flüchtig,
Gleich dem gescheuchten Reh, durchrannt' er Wälder und Felder,
Bis sein gutes Geschick ihn Auerstädt ließ erreichen.

Hier hatt' eben Davoust, der spätere Räuber von Hamburg,
Ueber den Herzog von Braunschweig gesiegt. Mit blutendem Antlitz
Ward der ergraute Führer vom Schlachtfeld getragen. Die Kugel
Drang bei dem einen Auge herein und heraus bei dem andern;
Wenige Tage, so hüllte die Nacht des Todes den Geist ein.
Aber dem Sieger lohnte der Kaiser mit prunkendem Titel:
Herzog von Auerstädt. Er stand im Zenith des Ruhmes,
Den er durch Grausamkeit, die Geschichte bezeugt es, verdunkelt. —
Kriegsrath hielt er gerade, wie man dem geschlagenen Feinde
Wehrte, die Trümmer des Heeres zu sammeln, zur Deckung der Hauptstadt:
Da kam Meldung, es wäre mit wichtiger Nachricht ein Bote
Eingetroffen, er bitte den Duc um kurze Besprechung.
Laßt ihn herein! so hieß der Bescheid. Mit tiefer Verbeugung

Trat der Gemeldete vor. — Was bringst Du, François, Neues? —

Hoheit! begann der Gefragte, es sind nur wenige Stunden,

Daß sich im Thüringerwald ein blutiger Frevel ereignet.

Augenzeuge war ich davon; vernehmet den Vorfall.

Jüngst, Ihr wißt es, empfing ich von Euch den gefährlichen Auftrag,

Daß ich spähte, wie man sich ihrer bemächtigen könnte,

Die statt ruhig daheim zu sitzen nach Sitte der Frauen

Und falls es ihr beliebt, zum Himmel um Rettung zu flehen,

Selbst den Kampfplatz betritt, dem Könige nahe zu bleiben

Und mit flammendem Blick und Wort das Heer zu begeistern.

Als ich daran gegangen, zu thun nach Eurem Gebote,

Vorsichtig mich nähernd dem Schlosse, darin sie sich aufhielt,

Welch' ein Drängen und Wogen! Es kamen aus dem Scharmützel,

Das unweit im Park stattfand, die flüchtigen Haufen,

Fußvolk und Reiterei, darunter viele Blessirte.

Fort mit der Königin! Fort nach Berlin! so riefen sie Alle.

Ganz unthunlich erschien's, mich jetzt auf Kundschaft zu legen;

Denn trotz deutscher Kokarde, die ich am Hute befestigt,

Sah man verdächtig mich an, als ich, was der Rummel bedeute,

Leise gefragt. Bei Gott! es galt kein langes Bedenken,

Wenn ich am nächsten Aste nicht baumeln wollte. So zog ich

Mich in Eile zurück und schüttelt' den Staub von den Füßen.

Aber im Walde, nachdem ich erschöpft drei Stunden gewandert,

Stießen versprengte Nachzügler zu mir vom Heere des Kaisers.

Bald verstanden wir uns, ich sollte, sie waren ein Dutzend,

Ganz unkundig des Wegs, sie zu den Unsern geleiten.

Anfangs ging es nach Wunsch: doch als von der Höhe zum Thal wir

Niederstiegen, da brachen mit Einem die Bauern des Dorfes

Prießnitz über uns los, bewehrt mit Senfen und Gabeln,
Und wie tapfer wir auch dem zehnfach stärkeren Feinde
Boten die Stirn, es währte nicht lange, so schwammen im Blute
Sämmtliche Marodeurs; ich selbst entrann nur mit Mühe.
Herr! nach Rache schreiet ihr Blut. Es gilt ein Exempel
Aufzustellen, wie man den Verrath, den tückischen, züchtigt:
Läßt man ihn ungestraft, so wiederholt sich der Frevel.
Sendet ein Streifkorps, von Einem geführt, deß Herz nicht von Butter,
In das rebellische Dorf. Es büße, was es verschuldet. —
So der Spion und wie die Esse sich röther und röther
Färbt, wenn der Blasebalg des Schmiedes bläst in die Kohlen,
Stieg die feurige Glut des Zorns im Antlitz des Herzogs.
Hastig zog er die Klingel. Dem Adjutanten, der eintrat,
Gab er Befehl, ihm flugs den Hauptmann zu senden, Govéan.
Dieser versteht's; das Andere, François, sollst Du vernehmen.

Fünfter Gesang.

Kommet und laßt uns sehn, was aus dem Jüngling geworden,
Der den bedrohten Fraun im Park als Retter erschienen.
Ach, er wußte nicht, ob es ein Traum, ob Wirklichkeit wäre,
Ob die Wolken ihn trügen, ob mit den Füßen den Boden
Er, gleich andern Kindern der Mutter Erde, noch träte.
Einmal um's Andre zog er hervor das Bildniß und preßte
An die Lippen es heiß und dachte der seltsamen Rede:
Einst, wenn sich die Wolken verziehn, enthüllt sich das Räthsel. —
Nächtige Wolken hingen genug vom Himmel hernieder;
Ob er der Heimat gedachte, der hart vom Feinde bedrängten,
Oder das eigne Geschick in's Auge faßte, bedrohlich
Sah es allerwärts aus und fern und nahe kein Lichtstrahl.
Keiner? — Und doch, ihm war er erglommen inmitten des Dunkels.
Wie dem trojanischen Helden vor Zeiten die göttliche Mutter
Plötzlich erschien, um Trost ihm in die Seele zu hauchen:
Also fühlte sich Friedrich. Er hatte blutenden Herzens,
Weil ihn die Mutter verwarf, indeß die Tochter ihn liebte,
All' dem Seinen den Rücken gekehrt: da trat vor die Blicke
Ihm das entzückende Bild der Hohen, die Worte der Weihe

Ueber sein Haupt gesprochen, weil er voll heiligen Zornes
Ob des Vaterlands Schmach den Pflug vertauscht mit dem Schwerte.
Denn noch waren die Lande Wettins dem späteren Zauber
Nicht erlegen, der sie bestrickt und bewogen zum Abfall
Von der Sache des Reichs; noch durfte der sächsische Jüngling
Lieben die Stätte seiner Geburt und hassen den Zwingherrn,
Der mit Füßen sie trat: noch war der Tag nicht gekommen,
Da die gekrönten Häupter, die Fürsten und Könige, fügsam
Des Allmächt'gen Gebot sich flugs nach Erfurt begaben.
Unten geschaart im Parterre saß Einer neben dem Andern,
Ehrfurchtsvoll die schüchternen Blicke gen oben gerichtet,
Wo von goldener Loge herab der stolze Gebieter
Musterung hielt, ob Keiner der Aufgebotenen fehlte.
Ein ergötzliches Bild, ein herzzerreißendes Schauspiel,
Weinen mußten darob und lachen die Manen Thuiskons.
Noch nicht bis zum Rande gefüllt war der Becher der Schande,
Noch erglühete Jung und Alt vom feurigen Drange,
Abzuwaschen mit Blut den Makel des Tages von Jena,
Und es gesellte dem Drange sich zu die gläubige Hoffnung,
Auferstehung folge demnächst dem kläglichen Falle.
Solchen Glauben und solche Hoffnung nährend im Herzen
Eilete Friedrich dahin. Die wunderbare Begegnung
Hob ihn über sich selbst hinaus, er meinte zu träumen.
Hielte die Hand das Kleinod nicht und ruhte sein Auge
Nicht auf der edelsten Frauengestalt, es däuchte ihm Blendwerk,
Was er gesehn und gehört und was ihm die Sinne verwirret.
Herrliche, sprich, wer bist du? Wie lautet der menschliche Name,
Würdig genug, damit ein sterblicher Mund dich begrüße?

Welche Räume schließen dich ein? Wo wehet dein Odem?
Also fragte der Wonnetrunkene wieder und wieder,
Doch ihm ward kein Bescheid. Wie hätte der Wald ihn gegeben?
Und es gedachte der Jüngling des Liebchens, das er des Freundes
Sorglicher Obhut vertraut, als ohne Abschied er fortzog.
Röschen, du zürnest mir nicht, wenn ich einst Alles erzähle.
Wer in ein theures Auge geblickt, darinnen das eigne
Ihm entgegengelacht, darf er am Glanze des Sternes
Nicht zugleich sich erfreun, wie hoch er auch über ihm leuchte?
Mit verdoppeltem Schritt ging's weiter. Er hoffte vor Abend
Noch in Camburg zu sein, wo sich thüringische Landwehr
Sammelte, die zum übrigen Heere zu stoßen bereit war.
Da gewahrt er, aus dichtem Gehölz zur offenen Lichtung
Vorgedrungen, wie drüben am Saum ein fränkisches Streifkorps
Sich vorüber bewegte. Nichts half ihm schnelles Zurückziehn,
Denn schon war er bemerkt; man rief ihm gebieterisch: Halt! zu,
Und es stürzten die Vordersten sich mit geladnem Gewehre
Blitzschnell auf den vereinzelten Mann. Wer bist Du? Den Paß her!
Widerstand zu leisten erschien vergeblich und tollkühn;
Jeder geringste Versuch macht ihn zum Kinde des Todes.
Kaum noch ist das Papier, von der Hand des Schulzen gefertigt,
Das den Namen und Stand des Trägers enthält, aus der Tasche,
Ruft mit ersticktem Lachen schon Einer im übrigen Haufen,
Der inzwischen herangetreten: Er ist es! Ergreift ihn,
Er, der Jene geführt, die unsere Leute gemordet.
Fort mit ihm zu Davoust! — Was hilft's, daß Friedrich betheuert,
Nicht zu wissen, was man zur Last ihm lege? Gebunden
Schleppt man ihn fort; da hört er hinter sich zischen: Vergeltung!

Stolz im geräumigen Saal, inmitten des glänzenden Stabes,
Sitzt am Tische, den Karten bedecken und Schriften, der Marschall.
Eben hat er Befehl ertheilt zum schleunigen Aufbruch;
Fort, hieß es, damit man dem Feind abschneide den Rückzug!
Und schon sind die Rollen vertheilt an einzelne Führer,
Dieser nach Halle, nach Magdeburg Jener, eh' der betäubte
Gegner sich wieder erholt und zur vollen Besinnung erwacht ist.
Nur der Name der Feldherrn fehlt noch auf dem Papiere.
Da tritt Govéan ein, der Hauptmann, welcher das Streifkorps
Kommandirte, das man zur Strafe der Mörder entsendet,
Und erstattet Bericht: Marschall, der Fang ist gelungen;
Denn wir ergriffen den Rädelsführer. Nun ist es ein Leichtes,
Auch der Helfershelfer uns zu bemächtigen. Rufet
Vor den schuldigen Mann, damit er die Uebrigen nenne,
Und verhängt dann über die Rotte, was sie verdient hat.
Aber es runzelt die Stirne Davoust und zornigen Blickes
Poltert er ihm entgegen: Zum Henker! bleibe vom Leibe
Mir mit dem Bauerngepack! Verhält es sich, wie Du gemeldet,
Fort nach Prießnitz mit ihm und sammt den andern Gesellen
Blase das Hirn ihm aus und auf die Dächer des Nestes
Setze den rothen Hahn, damit die Beleuchtung nicht fehle!

So der Gebieter. Nicht wagte ein Wort der Erwiedrung Govéan,
Denn er kannte Den wohl, der Solches geredet, und wußte,
Daß mit Napoleon einst er in Egypten gewesen
Und dort Türkenjustiz gelernt. Mit stummer Verbeugung
Ging er hinaus, ungern zu vollziehn den blutigen Auftrag. —

Armer Friedrich und ihr, des friedlichen Dorfes Bewohner,
Die man fälschlich verklagt, ach, welch' entsetzlichem Schicksal
Geht ihr entgegen! Was Andre gethan, ihr sollet es büßen.
Denn nicht Prießnitz, es war ein ähnlich lautender Name,
Tief im Gebirg versteckt lag der Ort, da hatten die Bauern
Jenen Gräuel verübt, den selbst der Krieg nicht entschuldigt.
Untersuchung zu pflegen und drüber die Zeit zu verlieren,
War nicht die Sache Davousts. Es hieß: Gesündigt! Gesühnet!
Blut für Blut und Der oder Der, ihm war es ein Gleiches,
Rächte man nur den Schimpf, gewagt am Heere des Kaisers.

Ketten an Hand und Fuß, inmitten der rohen Escorte
Gallischer Grenadiers, an deren Spitze Govéan
Unmuthsvoll ob des ihm befohlenen Werkes einherschritt,
Schleppte sich mühsam dahin der unglückselige Jüngling.
Ach, was hat sich für ihn in wenige Tage gedränget,
Welches Entzücken und welche Qual! Der wiedergefundne
Freund, die verlorene Braut und dort im Parke die Frauen,
Deren eine so reich ihn beschenkt und zum Kampfe geweihet,
Und bald drauf das harte Geschick, vom Feinde gefangen,
Schrecklicher That gezogen zu sein; was harret noch seiner?
Ist er auch frei von Schuld, doch muß er das Schlimmste befürchten,
Denn die Gewalt mißachtet das Recht und fragt nicht nach Gründen.
Eines gewährt ihm Trost, daß man nach Prießnitz ihn brachte
Und mit ihm nicht kurzen Prozeß im Lager schon machte.
Ach, er kennt nicht des grimmigen Marschalls entsetzliche Weisung;
Tönt ihm auch im Ohre noch François Stimme: Der ist es!
Sich zu reinigen hofft er daheim von schlimmem Verdachte.

Abend war es geworden, als man zum Dorfe gelangte;
Hinter den Bergen versank die Sonne mit segnendem Gruße
Und es funkelten schon, die nach ihr kommen, die Sterne.
Mit dem Gespann zog der Ackerer heim; die günstige Herbstzeit
Mahnte, das Feld zu bestellen noch vor dem Eintritt des Winters.
Müde suchte die Heerde den Stall; es tönten die Glocken
An den Hälsen des Viehs und läuteten friedlich die Nacht ein.
Alles athmete Ruh'; nur die leichtlebige Jugend
Wandelte noch in muntern Gesprächen auf offener Straße
Bis zur Pfarre, wo Christian nach der Arbeit des Tages
Unter den Linden saß, in stille Betrachtung versunken.
Als er der jungen Gefährten ansichtig geworden, erhob er
Sich und mischte sich schnell und fröhlich unter die Frohen.
Denn sie waren ihm Alle vertraut seit frühester Kindheit,
Als mit ihnen er in die Schule gegangen, es sollte
Auch fortan nichts Steifes und Störendes zwischen sie treten;
Denn ein freundlicher Sinn gewinnt die Herzen der Menge.
Alle fragen nach Kunde von Friedrich, sie lieben ihn Alle.
Hat er geschrieben und ist er glücklich nach Hamburg gekommen? —
Horch, welch besondres Geräusch durchbricht mit Einem die Stille!
Dumpf ertönet zuerst, dann lauter immer und lauter,
Endlich scharf und bestimmt der Tritt marschirenden Kriegsvolks,
Und schon schimmern von fern, schon erkennt man aus ziemlicher Nähe
Blanke Musketen und mächtige Bärenmützen im Mondlicht.
Gott im Himmel! Was soll's? Franzosen sind es! Franzosen!
Rufen Alle bestürzt und fahren wirr auseinander;
Aber gefaßt bleibt Christian stehn und harret der Lösung.
Da mit Schrecken wird er gewahr des gefesselten Freundes,

4*

Friedrichs theure Gestalt inmitten des feindlichen Truppes.
Unwillkürlich stürzt er herbei, doch zürnende Stimmen
Rufen ihm zu: Zurück! — Drauf geht's zum Hause des Schulzen. —

Armes Prießnitz! Was hast du an jenem Abend erfahren!
Als der Gefangene kaum an Ort und Stelle gebracht war,
Flugs zerstreut sich das Korps und wo sich ein Jüngling und Mann zeigt,
Wird er erfaßt und mitleidslos geschleppt zu Govéan.
Dieser hält morgen Gericht, so hat es der Marschall befohlen,
Doch als Vorspiel dazu steht heute das Dorf schon in Flammen.
Ach, wer schildert die Schrecken der Nacht, wer malt das Entsetzen
Der so plötzlich Bedrohten und wer das Wüthen der Feinde?
Leiht mir den dichtesten Schleier, daß ich die Gräuel verhülle
Und nicht früher ihn hebe, als bis zum anderen Morgen.
Endlich dämmert der Tag. Es ertheilt Befehle Govéan:
Führt die Gefangenen vor, Friedrich mit den übrigen Allen,
Daß sie das Urtheil vernehmen für ihre begangenen Frevel.
Blut für Blut! Von Alters her heißt also die Satzung:
Was sie dem Feinde gethan, wird ihnen vergolten vom Feinde!
Und man führt sie herbei, die bleichen, erschrockenen Opfer:
Herr, Erbarmen! Ihr seid im Irrthum! Nicht wir sind die Frevler:
Weß man uns anklagt, wir thaten es nicht! So rufen wohl Alle,
Aber sie finden ein taubes Ohr. Streng herrscht der Gebieter:
Fort zur Wiese mit ihnen! Davoust schickt neuerdings Ordre:
Pulver und Blei für die Rebellen und Mörder in Prießnitz! —
Schon beginnt der entsetzliche Zug. Da nahet der junge
Seelenhirte des Orts und fleht um Gehör bei dem Hauptmann,
Und es wird ihm gewährt, denn gut französischen Klanges

Fließt die Rede von Großmanns Lippe; es stutzte Govéan.
Jener hob an: Es naht ein Christ sich bittend dem Christen;
Oeffnet mir Euer Herz und hört mich gütig, Herr Hauptmann!
Strafe verhängt das Gesetz über Schuldige; doch an der Unschuld
Rache zu nehmen, es ist vor Gott und vor Menschen verboten.
Diese hier aber sind schuldlos. Ich spreche die lautere Wahrheit,
Als ob jetzt ich stünde vor Gott und seinem Gerichte.
Bald ergeht an uns Alle sein Ruf und Rechenschaft fordern
Wird er von Groß und Klein, von Guten und Bösen einst drüben.
Nicht um Gnade für Frevler, ich bitte, Herr, daß Ihr gerecht seid,
Und nicht strafet, bevor das Verbrechen offen am Tag ist.
Blicket umher, zwar leset Ihr Angst in allen Gesichtern,
Denn der nahende Tod macht auch den Starken erbeben;
Aber als Kenner der Menschen, ein Solcher scheint Ihr zu sein mir,
Sagt, vermögt Ihr auf diesen Stirnen der Missethat Stempel
Aufzufinden? O Herr, es hat ein Gepräge die Sünde,
Das dem kundigen Auge trotz aller Verstellung erkennbar;
Doch hier seht Ihr es nicht. Auch gibt es klare Beweise,
Daß am Tage des blut'gen Ereignisses unsre Gemeinde
Nicht am Orte der That sich befand. Wir waren nach Sulza,
Wo sie das jährliche Hüttenfest begingen, geladen;
Außer den Kindern und Weibern und Greisen zog Alles hinüber.
Glaubt mir, o Herr, man hat die Namen der Orte verwechselt,
Minder sind Eurem Ohre die deutschen Laute geläufig;
Irrt man doch leicht, für ein anderes Wort verstandet Ihr Prießnitz,
Wenn nicht vielleicht ein tück'scher Verrath die Hand hat im Spiele!
Eins noch, Herr Hauptmann! Wenn unsere Männer vor wenigen Tagen
Jenen abscheulichen Mord begangen haben, so nehmt doch

Sorgliche Prüfung vor an ihren Waffen und Kleidern,
Und es stellt sich heraus, ob sie die Thäter gewesen,
Denn die Spuren von Blut sind nimmer ganz zu vertilgen.
Findet Ihr sie, dann haltet Gericht; der Schuldige büße.
Aber wenn kein Vergehen entdeckt wird, Strafe verhängen,
Fordert den Himmel heraus. Mein Hauptmann, laßt Euch beschwören.
Haltet die Seele frei von späterem nagenden Vorwurf,
Daß Ihr, ohne zu hören, verdammtet. In Eueren Mienen
Glaubt zu lesen mein Blick, Ihr seid desgleichen nicht fähig.
Endlich erbiete zu Pfand und Geisel ich selber mich willig,
Bis Ihr den Handel geprüft. O seht die rauchenden Trümmer
Unsere Wohnungen, Herr, und laßt es an diesen genug sein.
Mild sein ehrt auch den Feind. Erbarmen, Hauptmann, Erbarmen! —
So der Diener des Herrn. Es schien, als wäre Govéan
Von der Rede gerührt, die Jener so muthig ihm vortrug;
Doch das verhängnißvolle Papier Davoust's in den Händen,
Das Vernichtung befahl für alle Männer des Dorfes,
Durfte dem Zuge des Herzens der Mann nicht folgen. Drum, Vorwärts!
Schallt das Kommandowort. Er selbst marschirt an der Spitze
Und zur Wiese geht es hinaus. Dort unter den Linden
Machen sie Halt. Durch alle Glieder rieselt Entsetzen
Und ein Stöhnen entringt sich der Brust der Jungen und Alten.
Vortritt Govéan und spricht: Bewohner von Prießnitz, Ihr wisset,
Welcher unseligen That man Euch beschuldigt. Ich habe
Strengen Befehl von meinem hohen Gebieter, dem Marschall,
Kurzen Prozeß mit Euch zu machen zum Schrecken für Andre.
Ob es sich also verhält, wie dieser Priester gesprochen,
Fehlt mir zu prüfen die Zeit. Ich bin Soldat und gehorchen

Heißt mein tägliches Brod; doch will ich das Aeußerste wagen
Und statt Aller aus Eurer Mitte nur Sieben der Strafe,
Die zwar Alle verdient, überliefern. Friedrich ist Einer,
Ueber die Andern entscheide das Loos; nicht lange gezögert! —
Und schon stehen sie da, die sieben dem Tode Geweihten,
Großmann segnet die Bebenden ein und wehe, jetzt richten
Zweimal zwölf Grenadiere die tödtlichen Läufe nach ihnen.
Siehe, da tritt dicht vor die halb Entseelten Govéan,
Hebt den Säbel und — Feuer! — Die Bärenmützen verstehen
Den gegebenen Wink und schießen über die Köpfe
Weit in's Freie hinaus. — Da dringt ein gräßlicher Aufschrei
Aus des Hügels Gebüsch, der rings die Wiese begrenzte.
Alles wendet sich hin. Was gibt es? — François blutet,
Mitten in's Herz getroffen. Es hat den Lohn der Verräther.
Sich an Friedrichs Tode zu weiden, war der Verruchte
Heimlich herangeschlichen und saß im Busche verborgen.
Gottes Gericht! ruft die von Schrecken zugleich und von Freude
Ueberwältigte Schaar; ja selbst der Hauptmann entschlägt sich
Kaum des gleichen Gefühls und wehrt mit Mühe den Dank ab,
Den man von allen Seiten ihm zollt. Zum schleunigen Aufbruch
Gibt er Befehl, nachdem er des Marschalls Auftrag erfüllt hat. —

Bald war verschwunden das feindliche Korps. Es standen betäubt noch
Alle, die Zeugen gewesen des Vorfalls unter den Linden.
Endlich, wie wer aus schweren, beängstenden Träumen erwachend,
Langsam nur sich erholt, bis die volle Besinnung zurückkehrt,
Fanden im Wechsel von Jammer und Glück die Leute von Prießnitz
Sich allmälig zurecht. Das gab ein Lachen und Weinen,

Ein Umarmen und Küssen der schon verloren Geglaubten.

Christian! — Friedrich! — Du lebst! — Wir danken es Deinem beredten
Munde, dem es gelang das Herz des Feindes zu rühren. —
Sohn, mir wieder geschenkt! — O Bruder, theuerster Bruder!
Und so ging es im Kreise herum von Lippe zu Lippe,
Zwischen erfreuten Geschwistern und glücklichen Eltern und Kindern.
Jetzt vernahm man das Wort des jungen Hirten der Seelen:
Faßt Euch, Geliebte, und höret mich an. Ein schweres Gewitter
Hing über uns, schon zuckten von oben die flammenden Blitze
Nieder auf unsere Häupter und drohten uns Allen Verderben.
Aber die Hand des Herrn hielt ab das nahende Unheil;
Drum fallt nieder und preist auf Euren Knieen den Lenker
In der Höhe, denn traun! Er und kein Anderer ist es,
Der, als am höchsten die Noth, uns war mit Hilfe am nächsten.
Wandelt auch ferner auf seinen Wegen, er schützt den Gerechten
Und führt schließlich ihn an das Licht aus nächtlichem Dunkel.
Aber wer falsch und tückischen Sinns gräbt Anderen Gruben,
Der fällt selber hinein, wie wir es eben erfahren.
Haß dem Unglücklichen nachzutragen, will uns nicht geziemen;
Zwar Unfrieden hat er gesäet, doch wünschen wir Frieden
Seiner Seele, die jetzt vor Gott steht, und seinem Gebeine,
Das wir zur Ruhe bestatten, wie Christenpflicht uns gebietet.
Morgen ist Sonntag. Es blieb die Kirche vom Feuer verschonet.
Kommt denn, Brüder und Schwestern, daß wir in Demuth uns beugen
Vor dem Gewaltigen, der wie Wasserbäche, die Herzen
Sterblicher Menschen lenkt, der Hohen so gut, wie der Niedern.
Und ein Gedächtnißtag für alle späteren Zeiten
Sei der heutige stets in wiederkehrenden Jahren.

Ist uns auch Hab' und Gut zur Asche geworden, verzagen
Dürfen wir drum doch nicht; es blieben uns Felder und Gärten
Und die fleißige Hand von Gottes Segen begleitet.
Bald erhebt sich auf's Neue des Hauses Giebel, die Kammer
Füllt sich wieder mit Korn. Es leiht der gütige Nachbar
Uns den ersten Bedarf der Nahrung für Menschen und Thiere,
Weiß er doch, daß wir ihm bald zurückerstatten die Wohlthat;
Denn verloren ist nichts, so lange das Leben gerettet. —
Also tröstete sie der würdige Diener des Wortes
Und man kehrete heim vom Schauplatz unter den Linden.

Sechster Gesang.

Feierlich ward am folgenden Tag das Dankfest begangen.
Zwar noch glommen die Balken der eingeäscherten Häuser,
Aber im größeren Glück vergaß man des kleineren Unglücks.
Alles läßt sich ersetzen, nur Zwei nicht: Leben und Unschuld.
Beides war den Bewohnern des Dorfes Prießnitz geblieben
Und damit auch die Hoffnung auf künftige bessere Tage.
Fest bestärkte sie drin die Predigt, die sie gehöret
Ueber den Sturm im Meer, den Christi Worte gestillet.
Schweig' und verstumme! sprach einst der Herr zum Aufruhr der Wogen
Und es ward still. So spricht er auch jetzt zum Toben der Völker,
Bis es sich legt und Alles zur alten Ordnung zurückkehrt.
Schweig' und verstumme! so spricht er zum Lästerer, welcher die Wohlfahrt
Andrer zu morden sucht und schließt ihm auf ewig die Lippe. —
Als nach dem heiligen Werk sich Friedrich und Christian trafen,
Gab zu berichten es viel und fand die Rede kein Ende.
Drauf sprach Jener zu Diesem: Nun laß zu Röschen uns gehen,
Wo Du mit ihr zugleich noch Eins, das Größte von Allem
Wirst vernehmen. So wandelten denn zur Mühle die Beiden.
Hier auch hatte der Brand in grauser Weise gewüthet,
Kaum vermochten die Knechte der Körner Vorrath zu bergen,
Alles Andere war ein Haufe qualmender Trümmer.

Schon von weitem erblickte sie Röschen und eilete schluchzend
Auf die Nahenden zu. Das war ein ernstes Begegnen,
Süß und bitter zugleich. — O Friedrich, siehe, nun bin ich
Eben so arm, wie Du. Die Schranke, welche der Reichthum
Vorhin zwischen uns zog, sie fiel vom Feuer zerstöret.
Doch jetzt willst Du vielleicht nichts von der Bettlerin wissen,
Fügte sie lächelnd hinzu. Da hob sanft drohend den Finger
Friedrich und sprach: Ei seht, es hat mein Röschen auch Dornen,
Aber sie dringen nicht tief und kann ich erwiedern die Stiche.
Und er holt das Bildniß hervor, das jüngst er im Parke
Von der Hohen empfing, der er das Leben gerettet.
Staunen erfaßt beim Anblick Christian: Menschenkind, ahnst Du,
Welch' ein Schatz Dir liegt in der Hand? Wie gewannst Du das Kleinod?
Preußens Königin ist es, Luise. Erzähle, wie war es?
Nun erstattet der Freund Bericht, wie Alles gekommen,
Und sie preisen gerührt das Wunder göttlicher Fügung. —
Als sie sich endlich erholt von tiefer Herzensbewegung,
Fuhr der Erstere fort: Sie hat zum Kampf mich geweihet
Und ich wäre des über mich ausgesprochenen Segens
Unwerth, schreckte mich ab der erste klägliche Fehlschlag,
Den ich erfuhr, die Bahn, die betretene, weiter zu wandeln.
Ist die Verwirrung, die jetzt im Dorf herrscht, irgend geordnet,
Will ich wieder hinaus, um zu den Uebrigen stoßend
Zu vertreiben den Feind, der solchen Schaden uns zufügt.
Haltet mich nicht zurück, es ist im Innern beschlossen.
Kehre gesund ich heim, wenn Deutschland glücklich befreit ist,
Und Du bist mir noch hold, dann, Röschen, will ich Dich freien,
Wärst Du gleich ärmer, als jetzt: und wollen es anders die Sterne,

Daß ich sinke dahin vom tödtlichen Bleie getroffen,
Wirst Du, deß bin ich gewiß, mir treues Gedächtniß bewahren.

Also der treffliche Jüngling. Da nahm der Andre die Rede
Freundlichen Blickes auf und ließ sich also vernehmen:
Edel ist der Entschluß und verdient die wärmste Belobung.
Zu bedrohlicher Zeit hat Jeder die Schuld zu bezahlen,
Welche die Heimat von ihm, die bedrängte, zu fordern berechtigt,
Und ein ehrloser Feigling nur wird dessen sich weigern,
Wenn nicht Pflichten, die dringender noch, sich zwischen uns stellen
Und das Gebot, die Waffe zu führen zur Rettung des Landes.
Aber gar Vieles erfordert der Krieg; für Speise des Lagers
Gilt es Sorge zu tragen, es will der Acker bestellt sein,
Was das gebrechliche Alter nicht kann und die hilflose Kindheit;
Rüstiger Arme bedarf es dazu, dergleichen die Deinen.
Zöge jeglicher Mann in's Feld, wer schützte die Frauen,
Und wer pflegte die Kranken und wer begrübe die Todten?
Friedrich, höre mein Wort. Mich dünkt, Du thatest das Deine,
Hast ein Leben gerettet, das tausend andere werth ist,
Und Dein eigenes blieb nur durch ein Wunder erhalten.
Nimm es als Wink, Du seiest bestimmt, in anderer Weise,
Nicht mit dem Schwert fortan, nein, mit dem Pfluge dem Lande
Dienste zu thun, damit es an Brod nicht fehle dem Heere.
Nicht kann jegliche Stirn im Heldenschmucke des Lorbeers
Glänzen, sie muß auch mit dem bescheidenen Kranze der Aehren
Nehmen vorlieb. Den Stolz im eigenen Innern bezwingen,
Ist ein größerer Sieg, als äußere Feinde zu schlagen.
Siehe das Dorf. Es liegt im Schutt und wieder erstehen

Soll's in kürzester Zeit. Du bist der Wackersten Einer,
Und wir können dabei Dich nicht entbehren als Werkmann.
Röschen endlich, bedarf bei Dir sie meiner zum Anwalt?
Zweimal hat sie um Dich schon Angst des Todes erduldet,
Als Du hinweggegangen und als Du wiedergekehret,
Und wir Alle Dich schon verloren hielten für immer.
Habe Mitleid mit ihr und laß es genug sein der Prüfung. —
Also der Freund. Es senkte den Blick in holder Beschämung
Röschen und sprach kein Wort, doch brachen ihr köstliche Perlen
Aus der Wimper hervor, die Zeugen innrer Bewegung.
Und der Jüngling zog an's Herz die bebende Jungfrau:
Sei's! rief er. Zur Mutter! und haben die Dinge seit gestern
Sie nachgiebig gestimmt, daß sie den Segen nicht länger
Uns versagt, so weihe das Paar, Mann Gottes, noch heute!

Siebenter Gesang.

Fünfzig Jahre rinnen dahin im Strome der Zeiten.
Welt, was mußtest du sehn, bevor aus schmählichem Falle
Sich Europa wieder erhob! Lang herrschte des Wälschen
Uebermuth; lang bebten vor ihm die Völker und Reiche.
Immer höher stieg er empor von Sprosse zu Sprosse
Auf der Leiter der Macht und Alles lag ihm zu Füßen,
Als er zu Tilsit den Frieden diktirt. Die Hälfte von Preußen
Fiel, großmüthig von ihm verschenkt, an fremde Besitzer.
Fern und nah' belehnte mit Kronen er Brüder und Schwäger
Und verlangte dafür nur wenig: blinden Gehorsam.
Manchen verdroß es, die Puppe zu sein am Drahte gezogen
Von des Gewaltigen Hand; nur Einer, Lätitias Jüngster,
Ließ sich nichts anfechten auf Wilhelmshöhe, denn: morgen
Wieder lustik! rief er, wenn heute vorüber das Fest war.
Drüber brach das edelste Herz, das jemals im Busen
Einer Fürstin geschlagen. Geht nach Charlottenburgs Haine,
Wollt der Herrlichen Bild, von Rauch gemeißelt, Ihr sehen.
Bis zur Neige leerte den Kelch sie herbester Prüfung;
Ihr zur Stärkung sollte kein Engel vom Himmel erscheinen,
Die der Engel, der stärkende, selbst für Andre gewesen.
Solchen ist nicht vergönnt auf Erden lange zu weilen,

Flüchtig betreten sie nur dies Rund und schweben von hinnen.
Also Luise. Bevor sich noch die Wolken verzogen,
Wie sie dem Jüngling im Parke verkündet und ehe das Räthsel
Selbst sie gelöst, deß Lösung längst gefunden ein Andrer,
Sank sie dahin. Dem ersten Opfer folgte das zweite,
Als vom Tranke der Größe berauscht der gallische Cäsar
Kalt die Gattin verstieß, die keinen Erben ihm schenkte,
Und die Hand, die begehrliche, nach der Tochter der Hofburg
Auszustrecken gewagt und solches Wagniß gelungen.
Gab's für ihn noch Unerreichbares unter der Sonne?
Zeigte nicht seinem Begehr sich Größtes wie Kleinstes gefügig?
Dennoch weiß ich ein Volk, das seine Geschenke zurückwies,
Als vor der Schlacht bei Raab er ihm den lockenden Köder
Vorhielt: Sagt Euch von Oesterreich los und wählt auf dem Rákos
Selbstständig den König aus Eurer eigenen Mitte!
Aber die Söhne der Väter, die dort in Preßburg geschworen:
Gut und Blut für Maria Theresia! gingen dem Vogler
Nicht in das Garn und sprachen voll Treue: Wir bleiben bei Habsburg!
Hätte man ihnen es immer gedacht in späteren Tagen! —
Doch wie Mancher, der kühn des Montblancs Gipfel erklommen,
Ausgeglitten versinkt in unergründliche Spalten,
Oder den schrecklichsten Tod erleidet im Sturz der Lavine:
Wie der Schütze, der allzustraff den Bogen gespannet,
Blutigen Schlag im Antlitz empfängt von berstender Sehne:
War Napoleons Sturz schon in den Sternen geschrieben;
Was zu stolz sich erhebt, wird um so tiefer erniedrigt.
Russisches Eis und Leipziger Lerchen und Waterloos Löwen
Diese warfen vereint den Riesen endlich zu Boden

Und der Bellerophon trug ihn an's felsige Eiland.
Ruhe gewann der Welttheil wieder, die Ruhe des Friedhofs:
Denn Versprechen und Halten sind zwei verschiedene Dinge.

Als der verheerende Brand vom Westen näher herankam
Und die Lohe zu Königspalästen und Thronen emporschlug,
Tönte der Ruf: Ihr treuen Völker, löschet und rettet
Und zum Lohne dafür soll Euch beglücken die Freiheit.
Goldene Worte bezaubernden Klangs! Mit eisernen Fesseln
Löste man das Gelöbniß ein. Manch' feuriger Jüngling,
Mancher begeisterte Lehrer des Volks, sie fanden im Kerker
Oder Exil der unfreiwilligen Muße genug, um
Nachzudenken darüber, was Fürstentreue bedeute.
Stille herrschte ringsum, unheimliche Stille. Von Karlsbad
Wehte der tödtliche Hauch, der alles Leben vernichtet.
Doch ich sage zu viel. Es liegt der fruchtbare Same
Scheinbar todt zur Zeit des Winters in schlummernder Erde
Und doch regt sich in ihm der Keim des baldigen Wachsthums.
Also verhielt es sich mit Deutschlands edelsten Geistern,
Als die Tage der Hoffnung umschlugen in Jahre der Täuschung
Und der verheißene Dank ausblieb für geleistete Dienste.
Winterlich sah es aus, wohin die Blicke man wandte,
Finstrer Argwohn von oben und grollendes Mißtraun von unten
Machte das Leben erstarren: doch unter der Decke des Eises
Rieselte Flut, ein klopfender Puls, des Lenzes Verheißung.
Trotz des peinlichen Drucks, der gleich erstickendem Alpe,
Auf den Gemüthern lag, gab es der Trefflichen Viele,
Die, fest glaubend an ihrer Heimat künftige Größe,
Sorglich die Wurzel pflegten, daraus der edleren Menschheit

Ewig grünender Baum erwächst mit den köstlichen Früchten:
Bildung, Sitte, Freiheit und Recht. Der Trefflichsten Einer
War der hochherzige Jüngling von Prießnitz, dem heimischen Dorfe
Längst entrückt, zum Manne gereift, von Altenburgs Kanzel
Später auf Leipzigs Lehrstuhl berufen: Christian Großmann.
Was er als Lehrer der Jugend im Hörsaal, als oberster Hirte
Gläubiger Seelen in Wort und Schrift, als Sprecher des Volkes
In der Kammer gewirkt mit edlem, männlichem Freimuth,
Rühmten die Zeitgenossen und ehrt die dankbare Nachwelt.
Doch ein umfassender Geist, ein Herz voll Liebe für Alle,
Wie das seine, hat in des eigenen Landes Bezirken
Nicht des Raumes genug, es richtet nach ferneren Zielen
Sich der Blick und treibt in's Weite die Stimme des Busens.
Als man am Felde zu Lützen, wo zwei Jahrhunderte früher
Seiner bedrängten Glaubensgenossen Hort und Befreier,
Gustav Adolf, der fromme Schwedenkönig gefallen,
Sein Gedächtniß zu feiern, ein Monument ihm von Eisen
Aufgerichtet, da ließ sich Jener also vernehmen:
Nicht ein Denkmal von Stein thut noth, ein todtes und kaltes:
Ein lebendiges laßt uns in warmen Herzen erbauen
Auf! vereiniget Euch zum Bunde thätiger Liebe,
Der den Brüdern in fernen Landen sich hilfreich erweise!
Denn unsägliche Noth drückt Viele dort in der Zerstreuung,
Die mit uns auf gleichem Grund des Bekenntnisses stehend,
Einzig vom göttlichen Wort und nicht von menschlicher Satzung
Hoffen im Leben und Sterben ihr Heil. Die winzigen Häuflein
Sammelten gern sich am Tage des Herrn im heiligen Hause
Zu vereintem Gesang und Gebet und hörten die Predigt:

5

Doch entfernt ist die Stätte, sie müßten meilenweit wandern,
Was im Winter, des Jahres zweiter, unfreundlicher Hälfte
Fast unmöglich erscheint, zumal den Alten und Schwachen.
Selten auch nur gestatten unwegsame Straßen dem nächsten
Pfarrer, in ihrer Mitte zu sein, das Mahl des Erlösers
Ihnen zu spenden; so gehen die Kranken des geistlichen Trostes,
Dessen sie mehr, als alles Andre, bedürfen, verlustig.
Ach, wer ihnen ein Heiligthum, ein eignes, erbaute,
Machte sich höchlich um sie verdient für jetzt und für immer.
Schlimmer noch ist's um die Kinder bestellt, es fehlt an der Schule;
Ohne Belehrung in Dem, was Menschen und Christen geziemet,
Wächst die Jugend heran. Wem bricht bei solcher Erwägung
Nicht vor Kummer das Herz? Wenn ein Glied leidet, so leiden
Alle Glieder ja mit; das sollte die Liebe bedenken.
Uns, die wir seit erstem Beginn der Kirchenerneurung
Ungleich besser daran, uns liegt die heilige Pflicht ob,
Für die Verlassenen zu sorgen und ihnen rettende Hände
Darzureichen, damit sie zum Leben des Geistes erstehen.
Schaaren wir uns zum Verein! der Name des nordischen Helden
Sei das gemeinsame Band, das Jeden und Alle verknüpfe.
Jedermann bringe sein Schärflein dar; in Städten und Dörfern
Sammle man Gaben, doch ohne Zwang. Den freundlichen Geber
Hat Gott lieb. Von Vielen ein Weniges und der Ertrag schwillt
Mächtig heran, aus einzelnen Tropfen bildet das Meer sich).
Auf denn, helfende Liebe, zum Gustav=Adolf=Vereine! —
So der begeisterte Großmann dort auf der Walstatt zu Lützen.
Gleich dem Steinchen, das in den Spiegel des Teiches geworfen,
Mächtige Wellenringe bis an das Ufer nach sich zieht:

Töne wider das Wort im Herzen Deutschlands geredet,
Anklang findend im Norden und Beifall weckend im Süden.
Langsam gedieh das Werk, doch stätig ; denn Alles, was groß ist,
War einst klein, so lehrt uns der Herr im Gleichniß vom Senfkorn,
Das als kleinster der Samen erwächst zum riesigen Baume. —
Wer hat Worte genug, den reichen Segen zu schildern,
Der ein Menschenalter, so lang ist's her und darüber,
Jener Stiftung entsproß? Zuerst auf mäßigem Umfang
War ihr Walten beschränkt, doch stieg in jeglichem Jahre
Mit der wachsenden Kraft der Muth und die Freude des Gebens.
Weithin reichte die Hand der Liebe, vom eigenen Boden
Rückte man vor zu dem des andersszüngigen Nachbars,
Ja, vom Lande zum Meer und von einem Welttheil zum andern.
Denn es galt der barmherzige Samariter als Vorbild,
Welcher bei Dem, der unter die Räuber gefallen, nicht fragte :
Bist du mein Nächster ? nein, die Wunden erblickend, hineingoß
Oel und Wein, ihn hob auf sein Thier und brachte zur Herberg.
Jährlich, sobald vom Felde der Segen Gottes herein war,
Saßen die Häupter und Glieder des Bundes einmüthig beisammen
Und beriethen das Werk. Man hörte die Klagen der Gäste,
Die zu schildern ihr Leid aus weiter Ferne gekommen.
Einmal am Neckarstrand, dann wieder am Ufer des Mainstroms,
Unter dem Mekka des Thüringerwalds, der glorreichen Wartburg,
Oder in Dir, Du herrliches Bremen, Herberge der Kirche,
Fand man sich ein. Wetteifernd begehrten die Schwestern im Reigen
Altgermanischer Sitze, den Schwedenkönig in ihrer
Mitte zu haben und sein Gedächtnißfest zu begehen.
O, was hörte man da für Worte herzlichen Einklangs!

5*

O, was sahe man da für Zeichen warmer Empfindung
Ob der Bittenden Noth! Da waren Boten aus Böhmen,
Hussens Heimat, die treu der Kalixtiner Vermächtniß
Unter den Stürmen der Zeit bewahrt; da waren aus Frankreich
Abkömmlinge der Hugenotten; es hatten aus Ungarn,
Ja, selbst aus den Thälern Savoyens Manche die Länge
Nicht des Weges gescheut und brachten Grüße der Ihren,
Liehen der harten Bedrängniß, darunter sie schmachteten, Worte
Und begehreten Trost zu finden im Zuspruch der Brüder.
Wem das Geschick so hold sich erwies, daß er auch nur einmal
Solches erlebt, wird dessen bis an sein Ende gedenken,
Wie sich in jeglichem Blick Theilnahme gespiegelt, vor Allem,
Wie das würdige Haupt, Großmann, als Meister der Rede,
Alles in guter Ordnung erhielt, die Feurigen dämpfend,
Muth einflößend der Zagenden Schaar und stärkend die Schwachen. —
Drüber war im flüchtigen Lauf ein Vierteljahrhundert
Segenbringend enteilt. In immer wachsender Größe
Zeigte sich das Bedürfen, doch auch der Hilfe Bereitschaft.
Denn in sämmtlichen Städten des Reichs, in großen und kleinen
Sammelte man, in Dörfern sogar, und feierte Feste.
Und auch Prießnitz blieb nicht zurück beim Werke der Liebe;
Gab es ein Weniges nur, so gab es doch freudigen Herzens,
Eingedenk des Theuren, der einst das heimische Dörflein
Mit begeisterter Rede vom Untergange gerettet.
Immer noch sah es in Ihm den Seinigen, ob er auch längst schon
Hieß der glänzendste Stern der evangelischen Kirche
Diesseits und jenseits des Meers und Alles ihm huldigte freudig.
Unser Christian! nannten mit Stolz die Prießnitzer Großmann.

Denn es hatten die Väter den Kindern und diese den Enkeln
Als ein heiliges Erbe vermacht die Kunde der Großthat,
Die der treffliche Jüngling vollbracht mit muthigem Sinne.
Silber bedeckte schon längst sein Haupt. Es waren der Lustren
Zehn seit jenen Oktobertagen ernster Erinnrung,
Und der Schulze, ein würdiger Greis, kein Andrer, als Friedrich,
Hatte der Aeltesten Schaar bei sich zu Rathe versammelt.
Freunde, sprach er, Ihr wißt, was uns der heurige Herbst bringt,
Unsrer Rettung alljährlich wiederkehrende Feier.
Immer begingen mit Dank wir sie, zum fünfzigsten Male
Steht sie jetzt uns bevor. Nur wenige sind noch der Alten
Welche die Zeit des Schreckens gesehn. Die Gnade des Himmels
Hat an Ihm, dem Edlen, zumal sich herrlich erwiesen,
Dessen ergreifendes Wort den Grimm des Feindes besänftigt,
Daß am Leben verblieb, was schon dem Tode geweiht war.
Einer darunter bin ich. Mir fehlen die Worte, zu sagen,
Welche Gefühle mir jetzt die Brust allmächtig durchwogen;
Soll ich eher die Huld des Herrn, die waltende, preisen,
Oder des Jugendfreundes gedenken, dem Alles ich schulde.
Groß ist der Mann geworden, wie schon sein Name bezeuget,
Groß an Verdiensten um Staat und Kirche, wir rühmen mit Stolz es,
Um die gesammte Menschheit groß und eben darum auch
Groß in der Achtung der Welt, fürwahr! Daneben erscheinet,
Was er für uns gethan als kleinstes seiner Verdienste.
Würdiger feiern ihn Andre, denn wir. Doch uns auch geziemet,
Ihm der Ehre Tribut aus vollster Seele zu zollen.
Wohl nur geringe Dörfler sind wir, doch wie wir ihn kennen,
Als demüthigen Knecht des großen, göttlichen Meisters,

Folgt er dem Rufe gewiß, wenn wir zur Feier ihn laden,
Und er jubelt mit uns gerührt am fünfzigsten Jahrstag.
Also war es beschlossen. Es ging die Bitte nach Leipzig
Und der Würdige gab zur Antwort: Ich komme mit Freuden.

Prießnitz, welch' einen Tag hat dir der Himmel bereitet!
Golden strahlte die Sonne herab auf deine Gefilde,
Als der Geliebte sie wieder betrat, der als glückliches Kind einst
Hier nach Schmetterlingen gehascht, als feuriger Jüngling
Freundschaft später mit Friedrich schloß, als Diener des Wortes
Dann die Gemeinde belehrt, getröstet und endlich gerettet.
Herzlicher mag man sich ein Wiedersehen nicht denken.
Als es zwischen den Greisen, den silbergelockten, jetzt stattfand
Zwischen dem einfachen Schulzen des Dorfs und ihm, dem gepriesnen
Wahrheitszeugen. Der Druck der Hand, im Auge die Thräne
Sprachen beredter, als Worte, vom Glück, das Beide beseelte.
Und nun ging es zum Heiligthum, dem festlich geschmückten;
Salbungsvoll floß über die Lippe Großmanns die Rede,
Als er das Walten der Allmacht pries, die Jahre zu Jahren,
Tage zu Tagen gefügt und ihm das Dasein gefristet,
Diese Stunde des Glücks zu sehn! Er rollte das Bild auf
Jener entsetzlichen Zeit und ihrer Schrecken und Gräuel:
Dankte dem Herrn dafür, daß er sein Flehen erhöret
Und den Geist des Erbarmens herabgesandt auf Govéan.
Diesem, der trotz des Marschalls Befehl, auf eigne Gefahr hin
Menschlicherweise gefühlt und gethan, sei, wenn er im Lande
Noch der Lebendigen weilt, hienieden reichlich vergolten,
In und außer dem Haus, von Fremden und eignen Genossen,

Ihm verkläre das frohe Bewußtsein den Abend des Lebens
Und der Geretteten Dank begleit' ihn segnend nach drüben.
Solche Gefühle, seit fünfzig Jahren unzählige Male
In der Seele gehegt und laut und leise gesprochen,
Drängen sich heute mächtig hervor und kommen zum Ausdruck:
Heil Dir, trefflicher Mann und Friede Dir und den Deinen!
Heil Dir! Es finde der Gruß aus Prießnitz Dich in der Ferne! —
Dies des Festes kirchlicher Theil. Erbaut und gehoben
Zogen nun Jung und Alt hinaus zum ländlichen Mahle,
Das von geschäftigen Händen bereitet war unter den Linden.
Gleicher Ort, verschiedne Gefühle von damals und heute!
Bleiches Entsetzen in Aller Mienen, so war es an jenem
Tage der Todesangst, doch heute strahlt das Entzücken,
Hell, wie des Herbstes Glanz, ein jegliches Auge verklärend.
Rasch zum Tanze gesellt sich die Jugend, die freundlichen Alten
Sehen die heitere Lust und gedenken des eigenen Frühlings.
Endlich auf einen Wink verstummt die lustige Fiedel
Und es läßt sich der Gast, der hohe, also vernehmen:
Kinder, nun haltet ein und gönnet Raum auch dem Ernste.
Dieses, seht, ist der Ort, hier wäre das Schlimmste geschehen,
Griff in der höchsten Gefahr nicht Gottes Finger dazwischen,
Zur Versöhnung stimmend das Herz des menschlichen Feindes.
Ehret des Ewigen Rath, der solches Wunder gethan hat,
Und in Liebe gedenkt auch seiner, der edler Empfindung
Nicht gewehret, als sie sich ihm im Busen geregtet.
Bringt ihm ein Hoch! und ruft mit mir: Es lebe Govean!
Ist er vielleicht auch längst schon zu den Todten gesellet,
Leben soll er doch fort in Deiner Erinnerung, Prießnitz.

Aber vergeßt auch nicht der Strafe, die den Verräther
Hier ereilte, der in die Schlinge selber gefallen,
Die für Andre listig er wob, und haltet des Deutschen
Höchste Zierde beständig in Ehren, die biedere Treue.
Freude heißt unsere Losung heute, drum sollen auch Andre
Sich erfreuen mit uns, legt eine Gabe zusammen
Für die deutschen Glaubensgenossen im südlichen Frankreich,
Wo vereinzelt, dem Handel obliegend oder Gewerbe,
Sie der heimischen Weise des Gottesdienstes entbehren,
Daß auch ihnen, wonach sie verlangen, ein eigener Altar
Sich erhebe, daran sie sich stärken im heiligen Mahle.
Das beschließe würdig das Fest. — Er sprach es und Alle
Steuerten freudig bei zum Opfer; es fiel nicht gering aus.
Abschied nahm man darauf in froh gehobener Stimmung
Und der Wagen entführte den Mann, den geliebten, nach Leipzig.

Achter Gesang.

Muse, begleite mich nun zum mittelländischen Meer hin,
Wo der Hafen Marseilles im stattlichen Walde von Masten
Winket, das Stelldichein des weltumfassenden Handels.
Von den villenumsäumten Höhn im Kranze des Oelbaums
Weht ein lieblicher Morgenhauch, die Tage des Herbstes
Fast umzaubernd zum ewigen Lenz, dem Vorrecht des Südens.
Reges Menschengetümmel belebt die Straßen und Märkte,
Jeder in seinem Geschäft und Beruf, so will es das Leben.
In die Messe begibt sich der Priester, es öffnet der Kaufmann
Seinen Laden, die Höckerin feilscht mit Fisch und Gemüse;
Zwischen den ächzenden Karren, die Waaren bringen und holen,
Treiben sich Kinder einher, das Schulbuch unter dem Arme,.
Hier der Arzt, der Kranke besucht, dort eilige Boten,
Die mit Briefen von nah und fern die Häuser betreten,
Kurz, ein rühriges Treiben an allen Ecken und Enden,
Wie der Verkehr es mit sich bringt, der das tägliche Brod schafft.
Nützten doch Alle die glückliche Zeit der kräftigen Jugend
Weise, bevor mit seinen Gebrechen sich meldet das Alter!
Dann versagen die Glieder den Dienst, man schleppt sich nur mühsam
Durch die Menge, die rastlos obliegt dem lohnenden Tagwerk. —
In der Straße le Cours, an beiden Seiten mit Bäumen

Dicht bepflanzt, wohl eine Stunde messend an Länge,
Wandelt ein greiser Soldat, die Morgenluft zu genießen.
Höheren Rang verkündet das Gold am Kragen des Rockes
Und die wettergebräunte Stirn erzählt die Geschichte
Manches Gefechtes, darin er seinen Degen gezogen.
Müde macht ihn der Gang. Es läßt im nächsten Café sich
Nieder der Obrist und ruft nach dem würzigen Tranke von Mokka.
Mit den Nachbarn plaudert zuerst er Eins und das Andre
Und greift, als der Faden erschöpft, zuletzt nach der Zeitung,
Staunen erfaßt ihn über dem Lesen, er wechselt die Farbe,
Halb ohnmächtig lallend das Wort: Ich bin es! Ich bin es!
Und sinkt fast vom Stuhle herab. Man eilt ihm zu Hilfe,
Der von freudigem Schrecken gelähmt, mit Mühe das Blatt nur
In der zitternden Hand behält und immer: Ich bin es!
Wiederholend, begehrt nach Hause geleitet zu werden.
Lange ringt er auf seiner Stube nach Fassung, im Auge
Zeigt sich ein Gast, ein ungewohnter, die schimmernde Thräne
Und fast scheint es, als ob die Lippe murmle Gebete.
Endlich hat er sich wieder gesammelt, er sitzt an dem Schreibtisch
Und die Feder beginnt: Mein sehr geehrter Herr Pastor!
Preis dem Allmächtigen! rufen wir aus, Ihr dort in der Ferne,
Ich hier am Meeresstrand. Ja, Preis Ihm, dem es gefallen,
Unsere Tage bis auf die späte Stunde zu fristen,
Die das Geheimniß löst, das fünfzig Jahre verhüllet.
Ich bin's, Govéan, ich, der diese Zeilen Euch zuschickt,
Schwer vom Alter gebeugt, ich bin's, der Hauptmann von damals,
Dem Ihr mit feurigem Wort das Herz im Busen gewendet,
Daß ich nicht that, was Davoust, doch that, was Menschlichkeit wollte.

Eben las ich vom Jubelfest, in Prießnitz begangen,
Das die trefflichen Worte, die Ihr den Kindern der Kinder
Jener beinahe geopferten Väter unter den Linden
Zugerufen. Die Hand streckt über Berge und Ströme
Sich nach der Eurigen aus, und legten nicht achtzig der Jahre
An die Füße mir Blei, ich eilte nach Leipzig, mit Euch dort
Aug' in Aug' mich zu freuen des gottgesegneten Ausgangs.
Wahrlich, ein Wunder hat Der dort oben gethan an uns Beiden,
Euch begeisternd und mich besänftigend, daß ich es wagte,
Ungehorsam dem Herzog zu sein. Ich danke auf meinen
Knieen, daß Gott mich bewahrt, unschuldiges Blut zu vergießen.
Manches unselige Bild taucht aus der Wirrsal des Krieges
In der Erinnerung auf. So gibt es doch Eines, daran ich
Noch ergötzen mich mag in nächster Nähe des Grabes.
Hier, mein wackerer Freund, hier unten sehn wir uns kaum mehr,
Doch es lehrt der heilige Glaube, den wir bekennen,
Daß es ein Jenseits gibt, wo sich die Guten begegnen.
Dort erwarte ich Euch, dort unter den Palmen des Friedens.
Denket in Liebe meiner noch oft. Ich flehe zum Höchsten,
Daß er gelingen lasse die Werke, welche Ihr treibet,
Viele Stunden und Tage des Glücks noch über Euch bringe
Und Euch segne mit Allem, was Euch das Liebste. Govean. —

Also der Brief. Er kam nach Leipzig. Welches Entzücken
Er im Herzen des Lesers erweckt, wer mag es ermessen?
Ein vor fünf Jahrzehnden gestreutes Saatkorn der Liebe,
Längst vergessen, als unverhoffte Ernte zu schauen,
Solches hat seinen Lieblingen nur der Ew'ge bereitet.

Aus dem engen Gemah treibt es zum Heiligthum Großmann,
In die Thomaskirche, die wenige Schritte nur fern ist,
Und er beugt am Altar das Kniee zum frommen Gebete,
Steht beseligt dann auf und rüstet daheim sich zur Antwort.
Heil Dir, trefflicher Mann und Gruß aus Leipzig! so schreibt er.
Laß im Geist mich an's Herz als theuren Bruder Dich drücken.
Brüder sind Alle, die zu dem einen Vater in Demuth
Blicken empor und seinen Willen halten in Ehren.
Bruder heißt Du von nun an mir, wie viel auch der Schranken
Zwischen uns Beiden bisher das Leben gezogen. Die Liebe
Rührt mit dem Finger daran und siehe, da sinken sie nieder
Und erstehen nicht mehr. O, wenn erst Alle so dächten,
Wäre der Krieg auf ewig verbannt und kehrten der Menschheit
Goldene Zeiten zurück, die jener Dämon verscheucht hat,
Der den himmelsgeborenen Meister zu meistern sich anmaßt,
Haß ausbietend für Liebe, und Wahn für ewige Wahrheit.
Wahrheit! Wer nur den Strahl der goldenen Sonne vertrüge!
Richtet Einer zu dreist den Blick nach dem feurigen Balle,
Wird er mit Blendung bestraft für solch' vermessenes Wagniß.
Nur im Prisma gebrochen erscheinen die Farben der Iris,
Dran sich Jeder ergötzt und die sich unter einander
Friedlich verhalten, nicht Eine der Andern Rechte verkürzend.
Mancherlei Zungen hat Gott geschaffen und mancherlei Völker
Ueber den Erdball verstreut, daß jedes in eigener Weise
Strebe zum gleichen Ziele hinan. Er wollte Verschiednes,
Das, besonders in Art, doch schön zum Ganzen sich finde,
Wie die Töne, die tiefen und hohen, erst bilden den Einklang.
Doch wir wissen es besser und möchten das Einerlei haben,

Ohne Wechsel ermüdend den Geist. Franzosen und Deutsche,
Sind die Beiden es nicht, die Hand in Hand allen Andern
Schreiten sollten voran? Die leichte Beweglichkeit Jener,
Die für Großes so schnell sich begeistert, gepaart mit dem Ernste
Dieser, es wäre richtig erfaßt, die glücklichste Mischung.;
Wie die Luft, die wir athmen, mit dem entzündlichen Stoffe
Hat verbunden den dämpfenden Theil, so wird sie gedeihlich.
Ja, Franzosen und Deutsche! Ihr eiltet ein volles Jahrhundert
Uns in Allem voran und Eure trefflichen Geister
Brachen zuerst die Bahn der neuen rühmlichen Forschung,
Haben den Himmel gemessen und kühn die Meere befahren,
Und wir schlummerten noch. Doch aus dem Schlafe gerüttelt
Hat uns die kräftige Faust des Augustiners von Erfurt,
Als zu Wittenberg er anschlug die strittigen Sätze
Und das geraubte Gut zurück erwarb dem Gewissen,
Frei zu denken und unbehindert von menschlicher Satzung,
An des einigen Mittlers Hand zu treten vor Gott hin.
Irdisch und unvollkommen ist alles Wähnen und Meinen,
Himmlisch die Liebe nur. Wer diese nähret im Herzen,
Naht dem Vollkommenen sich. Der wahre Glaube der Christen
Gleicht dem Geist, der am Anfang über dem Wasser geschwebet,
Nicht des Bekenntnisses Knecht, erhaben über dem Hader,
Den der Buchstabe schafft, der alles Lebendige tödtet.
Irren wird man, so lang auf Erden Sterbliche wohnen,
Irren nach rechts und links. Soll drum unsterblich der Haß sein?
Eure Kirche, wer ehrte sie nicht? Sie leiht dem Gefühle
Flügel, in Ton und Bild sich froh zum Höchsten zu schwingen:
Unsre beherrscht der Gedanken Gebiet und finden die Beiden

Kein gemeinsames Band, das sie vereinigt, so sollten
Friedlich in Duldung doch sie gehen neben einander.
Aber wohin entführt das überströmende Herz mich?
Zürne dem Prediger nicht! Art läßt nun einmal von Art nicht.
Reichen Segen verlieh mir der Herr auf längerer Wallfahrt,
Doch von Allem das Beste hat er dem Schlusse bewahret.
Schön ist das Tagesgestirn, doch niemals schöner, als wenn es
Hinter den Bergen am Abend versinkt und diese vergoldet.
So berührt mich Dein Gruß. Wir gehören Einer dem Andern
Unzertrennlich nun an. Leb'wohl! Wir sehen uns wieder!

Bald ertönten darauf die Todtenglocken in Leipzig.
Großmann neigte sein Haupt. Es ging der Knecht, der getreue,
Ein zur Freude des Herrn. Doch unermeßliche Trauer
Brachte die Botschaft: er schied, in Millionen von Herzen,
Die den Vater in ihm verehrt, den Tröster der Armen,
Rings im deutschen Gebiet und weit, weit über die Grenze.
Ihn pries man, der solche Macht dem Menschen gegeben,
Werke zu schaffen, die bleiben, auch wenn ihr Schöpfer dahin geht.
Ihn, den erhabenen Meister im schwachen Werkzeug gepriesen
Haben auch wir und werden es thun, so lange der Odem
Von den Lippen uns weht. Denn Großmanns Werderuf schuf uns
Hier die Stätte der Bildung für künftige Bildner des Volkes.
Seine Asche segneten wir und netzten sein Grabmal
Mit der Zähre des Danks. Ihm lohne der große Vergelter!

Herbst war wieder. Es kam der Gedächtnißtag des Oktobers
Und sie zogen hinaus, wie Jahr für Jahr, an die Stätte,

Die des Leides so viel, doch seliger Freude viel mehr noch
Einst und später geboten dem treuen Volke von Prießnitz.
Aber in Wehmuth standen sie jetzt, die lustige Fiedel
Tönete nicht, wie sonst, zum frohen ländlichen Reigen.
Dankbar rühmten die Alten uud gerührt vernahmen die Jungen,
Was der Verklärte für sie gethan und priesen den Höchsten;
Und man kehrete heim vom Schauplatz unter den Linden.

www.ingramcontent.com/pod-product-compliance
Lightning Source LLC
Chambersburg PA
CBHW021524270326
41930CB00008B/1087